创意写作书系

作家的诞生

The Birth of A Writer

刁克利◎著

中国人民大学出版社
·北京·

前　言

这是一本从作家的角度看世界、从文学的角度看作家的书。它试图写出现实中的作家、作品中的作家、文学史中的作家，以及人们理想中的作家样貌，从而描摹出作家的孕育、诞生以及创作过程。

在写作中，有四个问题与写作者相伴相随：作家是什么？作家写什么？作家如何写？为什么写作？

对于这些问题的回答，经典作家的经验令人信服，因为他们曾成功地应对过这些问题。在这本书中，我们将走进12位经典作家的世界，探寻他们的写作人生，领悟他们的写作意识，寻找一条自己的成为作家之路。

作家是什么？

这个问题对应作家的角色，即作家是什么样的人。对荷马而言，他是神启者、孤独的漂泊者、诗歌的辩护者，也是时间的剪裁者、能够产生持续影响的不朽者。诗人但丁是现实中的流放者、神学和哲学的探寻者，又是在作品中跨越地狱、炼狱和天堂三界的游历者。莎士比亚则集演员、编剧、股东、乡绅等角色于一身：他身居伦敦，是演员中的编剧、编剧中的股东；回到家乡，他又是乡绅中的作家。他抽离于多重角色之外，又在多重角色之间保持平衡。这些作家有一个共同点：他们都是孤独者。孤独是他们的生活常态。他们傲然独立，是自己文学世界的创造者。

同时，作家又是社会中人，他们敏于感知世道人心。文学世界与现实生活之间有一定的距离，又存在着天然的联系。这种联系不拘泥于一时一事，不限于一人一物，而在于古今一体、内外融通。文学沟通世界，联结人心。海德格尔言说"诗意的栖居"，我更愿意表述为：作家寄寓人间。这更贴合作家的写作状态：寄寓人间而创造，借用暂住人间的机会捕捉瞬息万变的现实人生，塑造纷繁世事中的持久形象。这是作家的本真角色。

作家在日常生活和文学写作中的状态如何？他们的文学观和思想姿态怎样？他们如何抵御孤独、保持自足的精神面貌？这是本书想要展开论述的内容。

作家写什么？

这个问题对应写作内容，即作家如何发掘素材、提炼主题。荷马唱诵口口相传的战争史诗。但丁抒写自己的遭遇、冤屈与愤怒，表达自己的挚爱、向往和理想。莎士比亚擅长把已有的故事改编与当时流行的话题相联系。华兹华斯借助想象力，赋予平时所见以新奇感。弗罗斯特劳作于农场田园，传达现代人的情感。夏洛蒂·勃朗特在《简·爱》中抒写女性的情感历程。艾米莉·勃朗特从家乡荒原中汲取灵感与激情。马克·吐温回望自己的童年和故乡，怀想大河的奔涌流淌。亨利·詹姆斯对移居欧洲的美国人感同身受。菲茨杰拉德褒扬自己羡慕的人物。劳伦斯想调和父母的冲突和恋人之间的争执。毛姆表达成长的矛盾和痛苦……

作家写自己熟悉的事才有底气、有特点，他们能够由身边事扩展为普遍经验。作家善于对普通事件省察体味，外视而内观，从个体抵达世界。他们会从小事情写出大精神，也能将大事件落笔于细微毫尖。

作家如何写？

这个问题对应写作的艺术，即作家采用什么技巧和手法来写作。文学发展至今，经历上千年的积累和沉淀，各样技法层出不穷、推陈出新，丰富而繁杂。人类的长处是能够继承已有的文化遗产，使其代代相传。一方面，文学无新事。所谓新人新事不过是过往生命模式的反复演练。另一方面，写作有新艺。日出日落，沧海桑田，一切都在变动不居中，总会有新的手法表达人们对世界的新认识和新理解。

写作既有恒定之道，亦有常变之法。所有生活皆可写，各类技艺都值得尝试。无论多么怪异新奇的作品，只要体现了作家的真诚和努力，就有机会为人所识。人类的包容心足够博大，接受新事物的能力也足够惊人。所以，只管探索，只管尝试。文学发展至今，写作艺术已经精妙绝伦，叙事手法纷繁到无以复加，又简单到只要讲好故事就能够得到一致的认可和好评。

为什么写作？

每一位写作者都能轻而易举地回答这个问题，但没有一位写作者觉得自己能够给出确定无疑的答案。我们对文学有多少期盼,就有多少不同的答案。这是一个需要写作者不断去思考的问题,也许要用一生的写作来检验。

写作的要义也许在于启迪情感的共鸣,激发思想的潜能;也许为烛照幽微之人生,替无声者发声;也许想传达语言的力量,用写作干预现实;也许要开阔视域,发掘未见之世界。作家不只是为了表现自己,也为了捡拾遗忘,传达新知,引领读者思之更深、行之更远。真正的作家培育读者,滋养阅读的品位,校正批评的准则,指示文学的方向。有鉴赏力的读者反过来也孕育作家,培植作家,形成提升创作水平的土壤。

从公元前 8 世纪的荷马,到 20 世纪的毛姆,在本书中,我们将穿越漫长的文学长河,探究经典作家的创作历程,述说他们如何挑战时间、拓展空间,如何锤炼语言、挖掘人性、刻画人物,表达其与自然、故乡、地域、民族及时代的关系;揭示作家个人生活与文学创作的相互影响,说明他们对成为经典作家还是畅销作家的不同选择和态度。

《作家的诞生》是一个美妙的书名,寄托着笔者良好的愿望。笔者希望这是一本"作家之书",阐发文学的作用方式,描述作家的孕育与成长过程,总结作家面对的基本问题及应对办法,探寻如何成为更好的作家。

笔者亦希望这是一本"读者之书",能够帮助我们窥见文学的奥秘,欣赏小说、戏剧、诗歌之精深与微妙,成为有见识、有深度的文学鉴赏者。

　　然而，要准确完整地描摹、追溯作家的诞生过程及缘由，这本身就是不可能完成的任务。在揭示莎士比亚成为经典作家的种种原因时，托马斯·卡莱尔说："对莎士比亚，人们没有发现的品德还很多。他的忧伤、他的默默无闻的奋斗，他自己是意识到的；有许多情况根本不为人知，根本无法言传：像树根，像树液和生命力在地下起作用一样!"①诚哉此言。作家成功的原因有些可以感知，而有些则无法言传。作为研究者，能够探究或偶得其可以言传之万一，已属心向往之。而那无法言传的部分，则有赖于写作者与阅读者的亲身实践。

　　每一位写作者都要经历自己作为作家的诞生。

　　每一位阅读者都会感知文学的触动和回响。

刁克利

2025 年 5 月 17 日

---

　　① 卡莱尔. 论历史上的英雄、英雄崇拜和英雄业绩. 周祖达，译. 北京：商务印书馆，2010：130.

目 录

第一章

荷马：作家与时间

他们进军，整个大地就像着了火一样，大地在脚下呻吟。

——荷马：《伊利亚特》

我现在给你作预言，不朽的神明把它赋予我心中，我相信它一定会实现。

——荷马：《奥德赛》

荷马（Homēros，约前9—前8世纪），古希腊诗人，被公认为史诗《伊利亚特》和《奥德赛》的作者。两部史诗合称荷马史诗。

荷马是西方文学史上第一个伟大的作家。"问渠哪得清如许，为有源头活水来。"从荷马说起，有从西方文学源头开始的意思。一代又一代作家从他那里汲取了智慧。有了荷马的陪伴，我们对文学的理解会更完整，对创作艺术的训练也更系统。

荷马对文学的影响体现在很多方面。作为作家，他处理了文学中首先要面对的一个基本问题——时间。文学时间和我们的日常时间不同。荷马通过找出时间的支点，得以在有限的篇幅内唱诵持续十年的特洛伊战争。荷马的时间智慧里，包含了文学的要义。荷马还启发了作家的角色，他告诉了我们成为作家的光荣与代价。

剪裁时间

阿喀琉斯的一怒一枪，撑起特洛伊战争的时间支点

时间是人类最大的敌人，尤其对那些想让自己的丰功伟绩流传下去的英雄而言，时间更显得无情。人们采取种种手段欲与时间抗衡，比如将名字刻于碑石，将功业标榜于庙宇。但是，碑石会随着岁月而风化，庙宇也会因年日而倾颓。"子在川上曰：逝者如斯夫！"时间面前，人人平等。任凭谁，都难逃时间的遗忘。唯一的例外是文学中的时间——文学帮助人类记忆和铭刻时间。

文学时间和日常时间不同

我们的日常时间是线性的：昨天、今天和明天。事情的发生都是从过去到现在，再到将来。文学时间则不需要按照这样的顺序进行，它可以让昨天的事情出现在后、今天的事情出现在前。文学中的时间可以剪裁，可以嫁接，可以拉长，也可以缩短。漫长的岁月浓缩为瞬间，瞬间的行为定格为永恒。这是文学中的时间。

很多人着眼于当下，着眼于明天，为了当下活得更好，为了未来过得更有意义。作家则不必如此。相反，很多时候，他让自己沉浸于回忆。他是向后看的人，用过去的事情做素材。在文学中，过往可以喻指现在，现在也可能意味着未来。前事不忘，后事之师，说的是历史，也是文学。

从作家对待时间的方式可以看出文学的特性，看出文学能够发挥作用的、不可替代的领域：文学是关于时间的艺术。荷马在这方面为作家树立了辉煌的典范。

荷马如何处理时间

阅读荷马的作品，我们想知道：他如何应对不断流逝的时间？如何让生命有限的英雄在文学作品中比在碑石上留存得更久远？

我们还想知道：他如何让持续十年的特洛伊战争永久地留在人们的记忆里？如何让奥德修斯一个人的返乡路引发千百年来人们的不断回顾？

他要讲的内容很庞杂。以《伊利亚特》为例，它讲的是特洛伊王子帕里斯拐走了斯巴达国王墨涅拉俄斯的妻子海伦，引发了战争。交战一方是希腊联军，上百位城邦国王率领各自的军队集结在统帅阿伽门农的旗下，为墨涅拉俄斯报夺妻之仇。他们远道而来，在特洛伊城外安营扎寨。另一方是特洛伊人，他们死守城池，稳固防守。双方相持不下，谁也没有把握取得胜利，谁也不知道战事会持续多久。

两军对垒期间，将领不分伯仲，军士旗鼓相当。将帅运筹帷幄，千军万马于战场厮杀，这里有多少智勇权谋的争斗、短兵相接的交锋，又有多少英雄成名与牺牲？如此种种，皆是战争中的人的故事。这场战争还有另一部分故事，那就是由神参与的战争。希腊诸神并不白白领受人间的供奉和祭祀，诸神各有自己的庇佑对象。人吁请神助，神干预战事，这既关乎神威、荣耀与等级，也昭示神的宽容、恩宠和惩戒。神的意志不可违逆，人的命运无可逃脱。如此世事人情，神人纠葛，千头万绪，利害难分。

荷马不可能将持续十年的战争按照前后顺序，事无巨细地一一述说。他必须明其要旨，述其大势，唱诵合度，取舍有节。他必须估量自己手头的素材，抓住核心问题。他需要梳理线索，厘清头绪，找到牵一发而动全身的关键。

这个关键就是时间的支点。

要讲好一个故事，首先要解决时间的问题。时间永远在，人生有时限。一切事件都发生在时间中，或同时同地，或同时异地，或孤立无依，或互为因果与关联。在文学叙事中，作家要在有限的时间里讲无限的故事，就必须找到时间的支点。这个支点聚焦了几乎所有矛盾症结，既能解释前事之起因，又能铺陈后事之发生，且可伏线最终之结果。

在《伊利亚特》中，这个支点就是阿喀琉斯①的愤怒。史诗从阿喀琉斯的愤怒写起，直接将主要人物置于激烈的矛盾冲突之中。他之所以发怒，乃因统帅阿伽门农把原来分配给他的女奴夺了回去，占为己有。阿伽门农的做法违背了信义和承诺。阿喀琉斯怒火中烧，拒绝再为联军出战。作为希腊联军中最勇猛的将领，阿喀琉斯是联军想要获胜的主要依仗。在两军对峙的危急时刻，他却拒绝上阵。他这一怒暴露了希腊联军的将帅矛盾，引发了神的干预，牵动了有关秩序、实力、谋略、权威的争执。人的吁请、神的恩宠、

———————

① 又译"阿基琉斯"（罗念生、王焕生译，人民文学出版社，1994）。本书统一译为"阿喀琉斯"。

荣辱进退、悲喜交际，诸般情形立现，多种主题纷呈。希腊联军开始在战场上节节败退。

史诗描写的另一个支点是，阿喀琉斯向特洛伊王子赫克托尔①刺出致命一枪。因为阿喀琉斯的伙伴帕特洛克罗斯出战阵亡，阿喀琉斯要为伙伴报仇，才重新整装迎敌。战场上，阿喀琉斯杀死了赫克托尔，特洛伊人再也无力主动出击。阿喀琉斯由濒临放弃到提枪上马，由对命运无奈感伤到为夺取荣誉征战厮杀。战事从此扭转。

阿喀琉斯的一枪划破长空，也勾画出了英雄的命运。自出生之日起，阿喀琉斯就不得不面对一个命运的预言：他将赢得荣耀，也将死于非命。这命运让他骄傲，也让他忧心。他遭统帅压制，被伙伴抱怨，他隐忍的怒火、他的自暴自弃、他与生俱来的力量、他冥冥之中的神助——都在他刺向赫克托尔的一枪中得到了完全的释放。一枪致命，改变了一场战争的进程，也埋下了自己终会遭到报复、以命相偿的因果。可以说，一枪闪耀一生，一枪享誉千秋，一枪应答命运，一枪成就英雄。

阿喀琉斯的一怒一枪，是荷马找到的时间的支点，撑起了史诗的结构。凭着一前一后两个支点，荷马将十年的战争掐头去尾，只唱诵第九年中的数十天，情节由低点到高潮，由放弃到出战，在高潮过后戛然而止。至于我们所熟知的特洛伊罗斯射中阿喀琉斯之踵，以及奥德修斯的木马计，还有希腊人杀戮的过程、特洛伊城覆灭的惨状，在

---

① "赫克托尔"有的译本作"赫克托"（朱生豪译，北京：人民文学出版社，2014），有的译本作"赫克托耳"（刁克利译，北京：外语教学与研究出版社，2015）。本书统一译为"赫克托尔"。

《伊利亚特》中不着一字，而是根据情节需要，穿插转述在下一部史诗《奥德赛》中。

荷马把篇幅集中于人物冲突，而非事件的叙述上。他用文学描写事件冲突中的人，而非完整地记述事件。此乃文学的特质，也是文学有别于历史的根本之一。

文学时间的要义与智慧

作家对时间支点的选取启发了我们对文学时间的理解，以及其中包含的人生智慧。

文学时间是动态的，可拉长，可缩短，可以确定为精准的年月日时，也可以大而化之曰"很久很久以前"。文学写作者和钟表制造者对待时间的态度不同。文学描写有效的时间，即有思想运行和行动发生、承前因启后果的时间。如果什么也没有发生，什么也不曾改变，那么即使是一段很长的时间，也很难构成文学的素材。

作家不计较时间是否精确。荷马在《伊利亚特》中没有写战争发生的具体年代，也没有交代战争持续的时间长短，"除了'过去'一词之外，荷马从未告诉我们任何关于特洛伊战争的年代信息"[1]。战事从哪一年开始，又在哪一年结束，他对此只字未提。

作家提炼有效的时间。通过对时间支点的选择，《伊利亚特》写出了英雄的命运和荣耀，歌颂了英雄在有限的生命里追求荣耀的勇气和动力，使他们在诗的流传中获得永生。作家以此为英雄树立了另一

---

① 芬利．奥德修斯的世界．刘淳，曾毅，译．北京：北京大学出版社，2019：17.

座纪念碑，在世代读者中口口相传，是谓"口碑"。

作家对时间的剪裁启迪了人生智慧：时间即生命。把握时间的有效性、瞬间的丰富性和行动力，就把握了生命的意义。生命的意义在于思想的运行与行动的实施。漫长的积累在一个时间点上爆发，便能体现出此前一切的努力，如长跑中的冲刺、登顶时的欢呼。一个人的高光时刻，哪怕只有瞬间，也足以照亮他的生命，显示其生命的价值和意义。

时间成就一切，时间也败坏一切。所谓壮志未酬身先死，多数人都败于时间。所谓不愿退场，不忍告别，也是因为对时间心有不甘。曹操咏言"烈士暮年，壮心不已"，展示了挑战时间的雄姿。苏东坡感喟"大江东去，浪淘尽，千古风流人物"，抒发了诗人拥有时间优势的豪迈。待其"多情应笑我，早生华发。人生如梦，一樽还酹江月"，则表达了面对时间流逝无可奈何的自嘲和唏嘘。从这个角度看，《念奴娇·赤壁怀古》是一首时间的咏叹调。

文学是时间的艺术。合理安排事件发生的顺序，有效述说时间的长短，是文学创作的基础。文学中的时间可以嫁接，可以伸拉，可以压缩；可以让瞬间变为永远，也可以将地老天荒定格在当前。

作家是时间的魔法师，拥有打乱时间的特权。他可以让时序颠倒，从今天回溯过去；也可以在时空中跳跃，从昨天直奔未来。他可以平行描写，让一个时间段内的许多地点同时发生许多事件；也可以叙述异时异地的万物相连。很多作家都对时间描写做出过杰出的探索。比如《百年孤独》的开头：

　　许多年以后，面对行刑队，奥雷良诺·布恩地亚上校将会回想起，他父亲带他去见识冰块的那个遥远的下午。①

"许多年以后"肯定是指将来，"那个遥远的下午"说的是过去，而写这句话的时间是现在。一句话中包含了将来、过去和现在。

荷马定义了文学的时间。他将线性的时间人为裁断，选择性地讲述其中一段。凭着一把剪裁时间的剪刀，凭着对故事支点的精心挑选和描绘，荷马史诗得以巍然屹立于西方文学之发端，并且恒久地高居峰巅。

---

① 马尔克斯.百年孤独.黄锦炎，沈国正，陈泉，译.杭州：浙江文艺出版社，1999：1.

故事从中间开始

始于激烈冲突中，前有悬念；终于事件未尽时，后留余味

荷马不仅让我们知道文学的时间不在于准确，而在于展示行动和过程的有效性，还让我们看到他对文学人物的刻画与对史诗结构的设置的精妙之处。

就人物而言，荷马史诗不只唱诵英雄的胜利，也述说失败者的尊严。

文学人物不以成败论英雄

文学中的人物不同于历史、法律、伦理概念中的人。历史记载有杰出贡献的人，常以功过论英雄。法律界定守法或违法的人，宣示对他们的罪罚与惩戒。道德伦理要求人们行为规范，符合习俗和传统。文学作品中的人物则尽显人生百态。

文学人物无大小。生活中的小人物能成为文学作品的主角，现实中的大人物却不一定在文学中起重要作用，正所谓小人物不小，大人物不大。史书对大人物的丰功伟绩给予浓墨重彩，文学则致力于发掘人的潜力和可能性。

文学不以成败论英雄。文学作品既刻画胜利者的傲慢，也描绘失败者的尊严；既传递柔弱者的坚韧，也揭示强权者的局限。作家塑造

的人物如果让读者印象深刻，感觉栩栩如生，就是一种艺术上的成功。文学寓教于乐的作用方式主要体现为潜移默化、润物无声。

以一个文学人物为例，苔丝是英国作家托马斯·哈代的小说《德伯家的苔丝》中的主人公。她家境贫困，为了帮衬家里而辍学，又听从父母之命，去富人家攀亲戚找工作。在亲戚家，她被年轻主人艾雷克诱奸怀孕，她倔强地回家，独自承担流产的痛苦。后来她恋爱结婚，丈夫安玑尔不能接受她的过去，在新婚之夜离她而去。在走投无路的情况下，她被迫与声称已经改过自新的艾雷克同居。安玑尔经过病痛折磨和内心反省之后，又回来找她。她羞愧难当，一时激愤，拿起餐刀将艾雷克刺死。她也被判绞刑处死。

苔丝作为文学人物是成功的，虽然她很难称得上是个传统意义上的"好"人。哈代为小说加了一个副标题：一个纯洁的女人。小说揭示了社会环境对底层人的压迫，描绘出苔丝丰富的内心情感。凡她出场处，事事处处皆凸显她的美丽和善良。如果不是作家独具慧眼，就不会发现并塑造出如此感人的形象。

这是文学的价值所在——替无声者发声，为难言者代言，在法律不易触及、道德伦常难以言喻的地方起作用。

回到荷马。在《伊利亚特》中，作家对交战缘由不予置评，对谁胜谁败不持褒贬。他着力刻画参与战事的人物，重点描写交战过程中人的行为与感受。所以，他不以成败论英雄，既写胜利者，也写失败者。胜者的狂傲、败者的尊严，作家都予以同样的关注。

他对大英雄阿喀琉斯的描写，笔墨着力于阿喀琉斯的骄傲。阿喀琉斯重新披挂上阵，并非为希腊联军而战，而是因为伙伴帕特洛克罗斯之死。这个意外事件触发了他的命运之键。这种笔法并不让人觉得阿喀琉斯的英雄业绩有多么了不起，反而让人对他的性格和命运感到忧虑。同样，这种描写也不会让人觉得特洛伊人的战事失利有多么可怜，相反，他们的精神和尊严值得敬仰。比如特洛伊国王普里阿摩斯深夜前往希腊军营，请求赎回儿子赫克托尔遗体的场景，体现了失败者的尊严，让人潸然泪下。

荷马怜惜一切有价值的生命。他描写事情的发展推进与起伏波澜，而不在意精准确切的年代与数字。他着力刻画人物的心理动因和行为特征，而非论述功过是非。荷马塑造了生动鲜活的形象，胜者与败者都是他笔下饱满的、高扬着生命意志的人物。文学之所以是文学，正在于其写出了时间的绵延与生命的韧性。

从中间开始的叙事模式

从叙事结构上看，《伊利亚特》开门见山，一下子把读者带入激烈的冲突中，开篇即高峰（阿伽门农的出尔反尔引发阿喀琉斯的愤怒）。两个对手、两个英雄的命运交锋，贯穿全篇，一步步把读者推向另一个高峰（阿喀琉斯与赫克托尔的激战）。因此，《伊利亚特》整篇看起来就是从一个高潮处开始，在另一个高潮处结束，故事的结构是从山峰到山峰、从高潮到高潮。丝丝入扣，险象环生，意外频出，环环相接，没有一丝拖沓和多余，这是《伊利亚特》带给我们的阅读体验。

这种从故事中间开始而不是按照时间的线性进程从头讲起的叙事模式，开篇就将人物放置在激烈的矛盾冲突中，牢牢抓住了读者的注意力，让矛盾发展和人物的反应成为情节主线。等到读者对故事产生了信任、对情节结构有了大致的把握，作家再开始放缓节奏，通过插叙和倒叙，让冲突的原因和此前的战事顺势呈现。

这种叙事模式不但被史诗普遍采用，也成为一种经典的写法。同样的例子还有莎士比亚的《哈姆莱特》和霍桑的《红字》。

如果按照线性时间，《哈姆莱特》开场前，事件发生的顺序是：父王去世→叔叔登上王位→母亲改嫁叔叔→哈姆莱特从大学被召回王宫→城墙上有鬼魂出现似有话对他讲。莎士比亚不这么写。上面这几件事在戏剧开始前已经发生，他略去不提，而是根据剧情需要，通过演员的台词告诉观众。

哈姆莱特的亮相在故事线性时间的中间部分。他在家庭遭遇变故之后被召回王宫，置身于重重疑虑当中：能否相信鬼魂的话？父王是不是死于叔叔的弑君篡位？母亲为何改嫁叔叔？她在父亲去世这件事情上扮演了什么角色？等等。这些问题一下子摆在哈姆莱特的面前。他要弄清楚父王去世的原因，查明白他登上舞台之前已经发生的几件事的关联。如此这般，戏剧一开场，主人公就被推到一种思想和情绪高度紧张的状态，展示了人物的复杂处境和剧烈的内心冲突。

等我们理解了哈姆莱特的处境，就会把注意力集中在他的每一个选择和下一步行动上，心情随着剧情跌宕起伏，好像在跟着哈姆莱特走钢丝一样。我们想知道：他如何查明真相？如何面对强大的对手？如何不断增强自己的力量？如何应付危机四伏的环境？如何下定决心采取行动，谋划复仇，并勇敢地面对预知的死亡？这样，作家把观众的注意力牢牢地吸引到了人物的内心成长和性格命运发展的主线上。

美国小说家霍桑的《红字》也采用了故事从中间讲起的模式。小说描写女主人公海丝特只身来到美国新大陆，丈夫生死未卜，杳无音讯。她与情人生下了一个女儿。按照当时的法律，她犯了通奸罪，被判在胸前衣服上佩戴通奸的标记——红字 A，以示羞辱。小说一开始写女主人公被押到集市示众。她的情人和她的丈夫都在这个示众现场，两人却不愿意或不能够公开身份，他们彼此亦互不知晓。也就是说，唯独她的罪是公开的，并因此受到惩罚。小说一开始就把她暴露在巨大的尴尬和羞辱之中，让读者想要看她接下来会如何面对这一切。

如果我们把《红字》理解为一个通奸及其后果的故事，那么，海丝特与情人是如何相遇相爱、怀孕生女的？两人是怎样万般缠绵，又想方设法避人耳目的？这是吸引了很多现代作家的话题，好像值得大写特写，详细落笔。对于这些，霍桑却只字未提。小说开头，通奸的事件已经成为过去，小说从中间开始写起。

后面的故事推进中，作家穿插了一些线索，让读者有所察觉并产生疑问：海丝特的情人是谁？他为什么不能公开身份？他是否会受到惩罚，承担相应的后果？海丝特的丈夫为什么不愿意暴露自己？他本来应该得到同情，却为何行事诡异，做出似魔鬼一样的勾当？他们的女儿又会受到怎样的影响？

这些问题构成作品的吸引力，像一条条线一样牵动着读者，跟作家一起探索，一起解谜。通过这样一个开篇，作家建立了与读者齐心协力的信任同盟，小说的后续发展就是看三个当事人如何做出反应。他们的不同反应揭示了各自不同的性格和命运，传达了不同的主题和启示。

从中间开始的叙事效果

《伊利亚特》从战争中间写起，省去了对故事起因的追溯；省去了金苹果的传说、三女神的争执、海伦与帕里斯私奔得到了女神相助等神话背景；省去了墨涅拉俄斯如何找阿伽门农倾诉，请求替自己报仇；省去了阿伽门农如何说服希腊诸国国王同意发兵，希腊联军如何集结，启程讨伐特洛伊；省去了阿伽门农为求神助而献祭自己的女儿，惹怒妻子，为他在特洛伊战争胜利后返回家园却被妻子谋杀埋下伏笔；也省去了特洛伊人为海伦而起的争论，以及对这场战争是否正义的辩论；等等。

史诗的重点在于：无论战争的原因是什么，战争都已经开始。荷马关注战争对人的影响，而非战争发动的背景。他展示卷入战争的双方英雄的性格与命运，而非战事结果的成败。文学重在描写行动中的人，在冲突中表现人的性格与品质。

这种叙事模式有三个明显的效果。首先，从中间开始写故事，能够有效地缩短时间。这体现了文学时间的法则：文学描写有效时间，描写有行动、有思想的时间段内人物的变化和事件的推进，而非没有行动发生的静止时间，亦非即使有很多事情发生但不影响故事进程的时间。虽然时间一天又一天地流逝、一年又一年地过去，但是，在文学作品中，不存在没有事件发生的时间。这样的时间不值得去写。

其次，从中间写起，能够在很大程度上调动读者对作品的参与，使读者保持专注和敏锐的感受力。这样的叙事前有留白，后置悬念，容易吸引读者投入到聚精会神的阅读中，感受情节推进的紧张气氛，想知道前面发生了什么，主动从字里行间寻找插叙和倒叙等内容，补充前面的故事，跟随作者的情节设置，亦步亦趋，搁置悬疑，相信作者，和作者形成信任同盟。等到把前面的故事补充完整，弄明白了起因，再关注后续的推进及人物下一步的行动，判断与预设后面的结局，追随情节发展。

最后，从中间开始的叙事有助于培养读者积极的思考能力。读者在关注人物的行为动机和事件进程中，能够设身处地地体会人物的处境，在作者的引导下进行深度思考。这就解释了一个现象：从中间开始的叙事模式多见于反思反省类或主题复杂的作品，因为这类作品需要读者的积极介入和深度阅读。

荷马史诗的故事从中间讲起，始于悬念丛生处；在故事未尽时结束，止于悬而未决时。《伊利亚特》以赫克托尔的葬礼作为终章，这预示了战争的转折点，却不是战争的结束。史诗留下了读者对战事如何结束、特洛伊城中的人们将面临怎样的命运、众英雄如何踏上漫漫返乡路的无限遐想。在当代作品中，这类结尾方式比比皆是，我们称之为开放式结尾。

叙事竟于未尽时，让我们体会到：文学描写人的性格与命运，而非事件的完整性。英雄征战沙场，只要他的勇气得到充分展示，他的形象饱满鲜明，他的故事就算完成了。这足以撑起一部完整的文学作品。至于战争如何完结，英雄功过几何，诗人不尽言，自有后人说。

作家的角色

成为不朽者、漂泊者、神启者和辩护者，是作家的荣耀与运命

作为早期的作家，荷马除了启迪了时间的有效性、奠定了文学人物的描写原则、开创了故事从中间写起的叙事模式，还启发了作家的角色。

荷马是一位游吟诗人，也是一位漂泊者、神启者和辩护者。荷马因为创作了伟大的诗篇而受到人们的敬仰，他启发我们成为作家意味着什么，以及作家的荣耀与需要付出的相应代价。

不朽者荷马

荷马的史诗成就了英雄的不朽声名和荣耀，让英雄赢得了与时间的竞赛。荷马因创作史诗，也成为和英雄一样的不朽者。读者世世代代敬仰他，正如他的听众仰慕他所唱诵的英雄一样。

这种不朽既表现在他赢得的赞誉和作品的流传度上，也体现为诗人的自豪感。古罗马诗人贺拉斯在《纪念碑》中说：

> 我完成了这座纪念碑，它比青铜
>
> 更恒久，比皇家的金字塔更巍峨，
>
> 无论是饕餮的雨水，还是狂暴的
>
> 北风，还是飞逝的时光和无穷

年岁的更替，都不能伤它分厘。①

贺拉斯对诗歌纪念碑的称颂洋溢着诗人的豪迈与自我赞赏。他表达的这种不朽之感道出了诗人的心愿和希望。诗人、剧作家本·琼生对莎士比亚有这样一句评价："他不属于一个时代，而属于所有的时代！"② 这种说法适用于所有经典作家。经典作家与时间同在，与作品共生，具有不断生长的属性，总会在一次又一次的阅读和阐释中获得新的生命。

不朽感是作家信仰文学的基石，是他说服自己终将赢得与时间的竞赛的慰藉，也是他抵御孤独寂寞、忍受命运漂泊和时代隔膜的良药。当屈原感慨"众人皆醉我独醒"时，他一定相信，他的生命不会随着身体沉入江水而终结。当陈子昂登高望远，"念天地之悠悠，独怆然而涕下"时，有悲情，亦有豪迈。这种落寞的豪情与作家的不朽感相通。"任尔东西南北风"，文学长在，作家不朽，这应该是作家内心不断重复的声音。

漂泊者荷马

作家享有不朽的名声，也为此付出代价。荷马凭什么能够唱出与众不同的诗篇？他在现实生活中是怎样的？荷马出生的确切时间和地点已无从考证，但是，从史诗和考据资料中，我们可以窥见他的生活

---

① 贺拉斯. 贺拉斯诗全集：拉中对照译注本：上册. 李永毅，译. 北京：中国青年出版社，2017：265.

② JONSON B. To the memory of my beloved, the author master William Shakespeare and what he hath left us//BATE J, RASMUSSEN E. William Shakespeare: complete works. Beijing: Foreign Language Teaching and Research Press, 2008: 68.

处境和日常面貌。

荷马史诗中描写的诗人是游吟诗人。古希腊社会里，人们固定地生活在一个地方。游吟诗人"首先打破了人必须在自己的部落或社群中生活、工作和死去的原始规则"①，这些偶尔来访的游吟诗人"弹唱着战争的荣耀和杰出先人的丰功伟绩"②。他们是歌者，也兼乐师，通过唱歌谋生，游走四方。他们可出入宫廷，也深入民众，配合不同的场景歌唱，给人们提供娱乐。

游吟诗人既能享受礼遇，也心怀惶恐。他们唱诵英雄，歌颂神灵，因为英雄和神灵的尊贵，诗人也得享尊荣。他们在隆重的场合被奉为上宾，享受美食盛誉，实则居无定所、食无定时，也无恒产和家室，在现实中扮演着漂泊者的角色。大多数诗人生活贫困，处境比乞丐好不了多少。裴多菲称荷马为"乞食者荷马"，这是对游吟诗人的别称。

游吟诗人可以被称为漂泊的职业歌者。漂泊乃游吟诗人的日常状态，他们自我放逐于主流社会之外，属于永远的异乡人。这种漂泊带给诗人灵动性，影响了他们的唱诵形式和态度。思维流动是创作的上佳状态，诗人在漂泊途中反复酝酿，在一次次吟唱中不断完善，日积月累，神与物游，进入神思灵感的状态变得更加容易。

古代诗人就是这样一种介于受人敬重与漂泊流浪之间的角色。他们既觉得自己受命于天，歌唱英雄；又要为生计四处奔走，娱乐凡人

---

① 芬利．奥德修斯的世界．刘淳，曾毅，译．北京：北京大学出版社，2019：28.

② 斯塔夫里阿诺斯．全球通史：从史前史到21世纪：第7版修订版．吴象婴，梁赤民，董书慧，等译．北京：北京大学出版社，2012：79.

众生。他们既骄傲，又谦卑。从荷马起，诗人的孤独与荣耀已经注定。诗人在大地上吟唱，享受荣耀，亦命定孤独。

作家常与孤独为伴。我们可以想象，于熙熙攘攘的朝臣中，屈原一定难掩寂寞。披发行吟泽畔，他是傲然决绝的诗人。王羲之为雅集盛事而撰序，他独能俯仰天地之间，抒发"后之览者，亦将有感于斯文"的感慨，书圣兼具诗性情。李白豪饮时，尽管有岑夫子、丹丘生做陪，但"古来圣贤皆寂寞"才更符合他深切的心境吧。毕竟，"举杯邀明月，对影成三人"的时刻，诗人经历得更多。

古往今来，漂泊是作家的常态。作家也是惯于跋涉、长于行路之人。"路漫漫其修远兮，吾将上下而求索。"从心怀高洁之志到碰壁残酷现实，从身居要职于朝廷到流徙乡野，无论是心路还是地面上的路，屈原都走了很远。白居易之"升天入地求之遍"，也是一种渴望和探寻。李白作《梦游天姥吟留别》，杜甫写《望岳》，皆为表达虽不能至却心向往之的行走冲动。苏轼在不同地区的历练，如黄州谪居、杭州知州、海南晚景，赋予他不同的气象和格调。虽然不能以行走的距离作为写作成就的标尺，但李白、杜甫、苏轼他们可能都是各自时代行走里程极远的诗人。

古时诗人多远游，现代作家多离乡。就描写作家的写作状态而言，行走、漂泊、离别、流散、求索、探问等，皆可视为同义词。很多作家都经历过以漂泊者、异乡人的身份离乡远游。现在，旅行和移居成为一种自主的选择。无论远游抑或移居，作家都属于漂泊者。他们身上有荷马投下的漫长而悠远的背影。

从荷马的漂泊中，我们可以得出这样的结论：漂泊是诗人的常态，孤独是作家的忠实侣伴。漂泊与游走的状态或心境，能触发作家思绪涌动、灵感迸发。作家要么被动地漂泊，要么主动地孤独。这也许就是作家的宿命。

神启者荷马

在两部史诗的开篇，荷马都会先向诗神发出吁请和呼唤。诗人吁请文艺女神启迪智慧，赐予灵感，使诗人能够歌唱英雄的诗篇。

现在很难证明，这到底是一种仪式性的吁请，还是诗人确乎能够召唤神灵。古希腊信奉泛神论，每个行业都有一位神灵护佑，诗人也需要这样的神灵。于是，呼唤缪斯就成为诗人每次开始吟唱史诗时的仪式般的习惯。

实际上，在史诗的重要细节或关键时刻，诗人都会吁请缪斯女神相助。比如《伊利亚特》第二卷中，诗人写道：

> 居住在奥林波斯山上的文艺女神啊，
>
> 你们是天神，当时在场，知道一切，
>
> 我们则是传闻，不知道；请告诉我们，
>
> 谁是达那奥斯人的将领，谁是主上，
>
> ⋯⋯⋯⋯⋯①

仿佛有了缪斯的加持，史诗的神圣性、诗人声音的权威性、诗人歌唱的合法性就得到了承认。

诗人这样说他与缪斯的关系，一是显示其权威性，容易取得听众

---

① 荷马. 荷马史诗：伊利亚特. 罗念生，王焕生，译. 北京：人民文学出版社，1994：43.

的信任。人们有了敬神的虔诚，听的时候会更认真，注意力也更集中。二是显示诗人的与众不同，唯独诗人得到了缪斯的特殊眷顾，能够传达神知晓的秘密。

诗人通神，诗歌的才能得之于神。这是诗人和一般人的主要区别，迎合了神明察一切的观念。"在荷马生活的年代，诗歌神赋是天经地义的事情。"[①] 诗人敬奉缪斯，顺理成章。

凡人敬畏神灵，到神庙里祈求神谕，要向神献祭，还必须借助于祭司。诗人则无须向诗神献祭，而是直接吁请诗神。这说明诗人与缪斯的关系直接而密切。这种密切关系在一定程度上是诗人和听众的默契与共谋。比如《奥德赛》第八章，奥德修斯要歌人得摩多科斯对他唱歌：

> 如果你能把这一切也为我详细歌唱，
>
> 那我会立即向所有的世人郑重转告，
>
> 是普惠的神明使你歌唱如此美妙。[②]

于是，待奥德修斯说完，"歌人受神明启示演唱"[③]。神启者的角色让诗人显得神秘，也使他所演唱的英雄事迹显得神圣。

留住时间让英雄不朽，唯有文学做得到。季节更替而美景长留，唯有作家能为之。

辩护者荷马

荷马开始了诗人自辩的传统。在一个缺乏流动性的社会里，作为居无定所的漂泊者，游吟诗人的社会阶层和身份不明，动辄受到时局

---

① 陈中梅. 目击者的讲述：论史诗故事的真实来源. 外国文学评论, 2002 (4).
② 荷马. 荷马史诗：奥德赛. 王焕生, 译. 北京：人民文学出版社, 1997：148.
③ 同②.

影响，或遭驱赶或被放逐，他们要为自己存在的合法性进行辩护。

《奥德赛》中写到了歌者的两次辩护。第一次是奥德修斯的儿子反驳母亲时说的话：

> 亲爱的母亲，你为何阻挡可敬的歌人
>
> 按照他内心的激励歌唱，娱悦人们？
>
> 过错不在歌人，而在宙斯，全是他
>
> 按自己的意志赐劳作的凡人或福或祸。①

所以凡人的祸福由神定，不能归咎于诗人。诗人选择适合场景的诗篇、适合自己心意的诗段，这是诗人的权利。第二次是诗人的自辩。奥德修斯回到家中杀死求婚人之时，诗人被质疑成助纣为虐者。在可能被杀的危急关头，诗人引用诗歌神授说做了自辩：

> 如果你竟然把歌颂众神明和尘世凡人的
>
> 歌人也杀死，你自己日后也会遭不幸。
>
> 我自学歌吟技能，神明把各种歌曲
>
> 灌输进我的心田，我能够像对神明般
>
> 对你歌唱……②

这说明诗人受到神明的特殊恩宠和眷顾，诗人无罪，诗人无辜，诗人不能被诛杀。如果去除神授灵感的神秘色彩，这与其说是诗之荣耀，不如说是诗人趋利避害的一种辩护策略。诗人漂泊者和神启者的角色，构成相生相成的张力。

---

① 荷马 . 荷马史诗：奥德赛 . 王焕生，译 . 北京：人民文学出版社，1997：14.
② 同①416.

在荷马之后，作家虽然不为性命而辩护，却要为文学的功用而辩护。作家何为？文学何用？这是每一个写作者都要面对的问题。对文学功用的质疑，即对写作意义的挑战，作家要向世人宣讲写作的价值，为文学辩护，传递坚定不移地写作的理由。漫长的文学史也可以视为作家的辩护书。

第二章

但丁：作家与空间

语言之于思想是必要的工具，正如骏马之于骑士，最好的马只适合于最好的骑士，最好的语言只适合于最好的思想。

——但丁：《论俗语》

爱推动了我，爱使我说话。

——但丁：《神曲：地狱篇》

但丁·阿利吉耶里（Dante Alighieri，1265—1321），意大利诗人，代表作为《新生》《神曲》等。

如果说荷马定义了时间，那么但丁则是书写空间的大师。但丁的《神曲》以前所未有的生动笔法和完美形式描绘了地狱、炼狱和天堂。在一定意义上，可以说但丁重新定义了文学的空间。

但丁的写作始于爱恋。他之所以上天入地亲历三界，是想永远追随自己所爱。但丁为爱痴狂，也追求成为经典诗人。从《新生》到《神曲》，但丁不断提升恋人的形象，赋予她丰富的寓意和象征，他亦先后化身为痴情恋人、诗学探索者、迷茫者、游历者、审判者等多重形象。他的代表作《神曲》完成了对恋人完美形象的塑造，也确立了自己作为经典诗人的地位。

为爱痴狂，爱如新生

但丁的《新生》献给爱人，也标志着他成为诗人

相比于荷马作为漂泊者、神启者和辩护者的角色，但丁的角色要复杂得多。他深情地恋爱，又迷茫困惑；他满腔怒火地复仇，又上下求索；他审判现世，又预言未来。他审判流放他的佛罗伦萨人，安置过去的亡灵，预言城邦、国王与宗教的命运。他自认为悟到了至高的真理。他的评判不仅涉及当世，还有来生，以及过往。他描绘并赋予空间新的意义。

但丁是自传性很强的作家。他把自己的经历写入作品，努力探索适宜的写作语言，拓展思想容量。他的创作是以爱之名塑造自己作为诗人的自我生成和自我经典化的过程。如果说荷马的伟大地位是岁月积淀的结果，从史诗的产生到定本经历了漫长的时光，那么，但丁的作品一经问世即被视为经典，而且是他自己奠定了其经典地位。他在作品中一步步神圣化自己的爱人，也随之抬高自己作为诗人的地位。随着爱人成圣于天堂，他也自封为旷世少有的伟大诗人。

一见钟情，痴爱一生

每位作家都有写作的原初动力和灵感源泉。对于但丁来说，这种动力和源泉是爱。他为爱写作，为爱痴狂。

众所周知，贝雅特丽齐是但丁永恒的恋人。她是但丁作品中唯一的女主角，诗人把她从一名普通的佛罗伦萨女孩写进了天堂，写成了圣人。但丁也随着她不断改变自己，直到与她在天堂里相见。但丁的爱可谓惊天动地，入地上天求之遍，看似不可能之事，但丁做到了。很多爱情故事都成了经典，但是很少有人的爱情发生得像但丁那样早，持续得像但丁那么久。

但丁出生于佛罗伦萨。他的祖先是古罗马人的直系后裔，其高祖埃利塞家族据说是佛罗伦萨的创建者之一。但丁的姓氏阿利吉耶里源于拉丁文"aliger"，意为"有翼的"。古老的血统令他骄傲。

但丁将他的第一部诗集命名为《新生》，写于1292—1294年，收录了他早期创作的诗歌。除诗歌之外，他还用很大篇幅解释诗歌创作的灵感和创作意图，这些解释让我们知道了但丁的生平细节。《新生》源于但丁的诗体实验和亲身体验，这是但丁为了赢得诗人名号而写作的，可以看作他在佛罗伦萨的重要文学成就。

《新生》从但丁对贝雅特丽齐的爱慕写起，到贝雅特丽齐24岁去世时为止，写出了但丁世俗之爱的全过程。爱给但丁的感觉犹如新生，他因此将诗集命名为《新生》。

贝雅特丽齐的父亲是佛罗伦萨名流、银行家，还当选过执政官，创建了欧洲最古老的医院——圣母玛利亚医院。他共有五子六女，贝雅特丽齐是家里的11个子女之一。她的一个兄弟是但丁的密友。但丁比贝雅特丽齐大9个月，他宣称贝雅特丽齐一出生就对自己有影响：她出生时，刚9个月大的但丁感到躯体颤抖。"9"这个数字对但丁而言有种神秘的力量。

但丁 9 岁时初遇贝雅特丽齐。第一次看见贝雅特丽齐，是在她家里举办的五朔节聚会上，当时很多男孩女孩聚在一起，贝雅特丽齐穿着高雅柔和的粉色衣裙，身束腰带，装扮得体，正合妙龄。但丁一眼看见了她，于是，潜藏在他内心深处的生命的精灵开始激烈地震颤，他的心灵从此再难得到安宁。

第二次相遇是在大街上，时间为距初次相见整整 9 年的最后一天，上午 9 点。贝雅特丽齐身着雪白的衣裙，走在两位年纪稍长的淑女之间，她向但丁致以甜蜜的问候。

> 盈盈秋波转向我惶悚不安站着的地方，她怀着无比的深情向我亲切致礼，使我似乎看到幸福就近在身边，而这深情厚意，如今在永世中得到报答。[①]

大街上的邂逅，人群中的一瞥，偶然间的四目相望，一次礼节性的问候致意。贝雅特丽齐大约是出于礼貌，但丁却欣喜若狂。他旋即返身回家，辗转入梦，梦中但见一团火红的云彩之上，爱神用臂弯揽着沉睡中赤裸的女郎，把她唤醒，让她吃下了爱神手中燃烧着的东西——那是但丁的心——然后，带她一起升天。这个幻象发生在夜间 9 点钟开始的时候。

但丁从此苦苦相思。他为此写诗一首，描写梦中情景。诗中说爱神"捧着我的心"，我们也可以理解为但丁甘愿献出自己的心给他的爱人。更有意思的是，但丁在诗中给他梦中赤裸的女郎加了一层薄纱，我们可以把这层薄纱解读为诗歌的优雅和诗人私爱的象征。当但

---

① 但丁. 新生. 钱鸿嘉，译. 上海：上海译文出版社，1993：4.

丁写道"她顺从地吃了这颗燃烧的心"① 时，他希望爱人和自己一样被爱点燃，勇敢顺承爱神的指令。

我们可能读过很多爱情诗，描写为彼此献身的情人。相爱的人也会这样表白：我恨不得掏出我的心给你看。而至于真就掏出自己的心给爱人吃下去，则虽情至深处亦不能有此意。一个敢于献出自己的心，另一个"顺从地吃了"，掏者坦然，吃者情愿。但丁不但感动了自己，也希望爱人为之感动。其实，他希望读者同样被感动，并且为他们的爱作证。他还期待读者把读后感寄给他。

这首诗对于但丁的整个创作生涯有着特殊的意义。那就是，爱将指引诗人一生的道路。但丁为了表达自己的爱，可谓使尽了浑身解数。通过他的诗篇，我们了解到：他召唤爱神，拉上乐队，演奏小曲，还请来了舞者。爱，无论如何，都是浪漫的，美好的——即使得不到。这时的但丁心里只有爱，只有诗，只有得不到的爱人、写不尽的诗篇。他为爱所困、为爱迷狂，像所有陷入热恋中的人一样，只不过他的爱化作一首首动人的诗篇，流传下来。他的爱恋可以被感知，他的痴情可以被理解，他的痛苦可以被看到，他的呻吟可以被听见。

又一次的相遇是在朋友的婚宴上。贝雅特丽齐也在被邀请的宾客中。但丁预先感知到了她的存在，当场看到她时，他头晕目眩，身体不由自主地靠在一幅壁画前。女人们见了嘲笑他。但丁仓皇回到家中，再次落泪。他为此给她写了三首十四行诗。同时他也反省自己的爱，反思自己的诗。一见到贝雅特丽齐就惊慌失措，既然如此痛苦，为何还要爱？既然爱没有回馈，为何还要如此用情至深？爱有何益，

---

① 但丁. 新生. 钱鸿嘉，译. 上海：上海译文出版社，1993：7.

写诗何用？若这般自艾自怜，就不应该这样写诗。借着对这些问题的反思，但丁决定改弦更张，忘却相思的痛苦，开始转而写诗颂扬贝雅特丽齐的美貌与美德。

这种转变使但丁的《新生》突破了传统的爱情诗模式，由爱之不得的自艾自怜，以及情人之间的幽怨，转变为赞颂爱人之美，并把这种美和爱理想化、神圣化：爱不是自己可怜自己，而应该歌颂赞美所爱之人。这是但丁的领悟，也成就了作为诗篇的《新生》和作为诗人的但丁的"新生"。

但丁歌颂的对象、他的爱之所向不仅是贝雅特丽齐，也是他的爱本身，是他的心、他的愿。他爱女子的美貌，也爱她的美德，更爱神圣的爱，他希望爱人的灵魂高居天堂。这样，他的爱人变成了他的理想、他的向往。他神圣化了爱人，也神圣化了自己的想象。

然而现实中，但丁之爱并不如愿。贝雅特丽齐24岁时去世。但丁写了悼亡诗，说他看到了幻象，下决心不再讨论这位至圣的女郎，待以后更合适的时候再写。"我希望用对于任何女性都没有说过的话去描写她。"[1]在《新生》的结尾处，诗人畅想："我的灵魂将再次见到那位淑女，也就是圣洁的贝亚特丽齐的荣光。"[2]这既是诗人的预言，也可以看作是《神曲》的伏笔。

爱如新生，指引未来

从诗体来说，《新生》因循中世纪情诗的传统。真心被嘲笑、爱

---

① 但丁．新生．钱鸿嘉，译．上海：上海译文出版社，1993：116.
② 同①117．此处引文中的"贝亚特丽齐"在本章正文中统一为"贝雅特丽齐"。

情被误解、情郎被愚弄，都是常见的内容。在爱人身边欣喜万分，被嘲笑时痛苦不堪，这是当时情诗的常见主题。这种主题和情感表达方式令现代人不解，总觉得矫情，或者自作多情。

如果把《新生》看作当时流行的缠绵悱恻的爱情诗，那么但丁的诗篇则显得古旧而过时。如果按照现代爱情诗的标准来看，但丁的爱又显得夸张且神秘。而如果把《新生》看成诗人创作《神曲》的前奏和基调，则意义大显。

第一，《新生》是当时男女交往、社交礼仪、社会生活的写照，可以当成诗人传记来看，了解青年但丁的生活状况和成长环境。

第二，这是但丁的情感记录，是专属于但丁的爱情，独一无二，无法模仿。他的爱情真挚炽烈，一见到贝雅特丽齐，他就动辄昏厥过去，如同死去一般。他能够再次醒来，需要奇迹和神助，如同生命的再生。

爱是但丁写作的根基和方向。因为这份爱发生得早，所以根深蒂固，刻骨铭心。爱人的早逝则令他思考死亡的启示。这份爱持久而恒常，绵绵无绝期，伴随但丁一生。

第三，《新生》使但丁成为新的诗人。这部诗集见证了但丁对诗歌艺术的习练、探索和力争完善。但丁采用幻象与纪实相结合的艺术手法，探索将虚幻情景与现实经历合二为一，这成为但丁鲜明的创作特色。诗人坚称的幻象也许真是他梦中所见，他描写的几次与恋人遇见也许确有其事。但是，人们迄今没有发现贝雅特丽齐存在的现实证据，"如果没有但丁，我们谁也不会听说贝雅特丽齐"①。贝雅特丽齐

---

① BLOOM H. Dante Alighieri. Philadelphia：Chelsea House Publishers，2004：3.

的生平，完全来自这本诗集中但丁的自述。如何把梦境与现实结合，如何在记录真实事件的同时又表达真挚强烈的情感，磨砺并考验着诗人的写作艺术。

《新生》反映了但丁的雄心。作为诗人，他希望读者了解关于作品的一切。他专门用比诗歌长得多的篇幅解释他的素材来源和写作意图，穿插了大量他的个人经历。诗人采用自白、自辩的方式，有意识地让读者了解他。这种写法很现代。

第四，随着岁月的推移，《新生》作为但丁的传记，价值越来越高。毕竟这是第一手材料，是诗人青年时代情真意切的记录和表达。从初次相遇到痴心追求，直到祈愿来世再会，但丁写出了爱的完整形态。

《新生》展现了但丁的情感历程、他对文体的探索和对爱情表达方式的转变。爱人早逝又让他参悟了生与死的界限、逝者对于生者的意义及爱的价值，《新生》的结尾则预示了但丁未来的写作方向。

通天之路在人间

但丁的现实磨难与诗学理想

《新生》是但丁以爱为名进行的创作，记录了但丁之爱的发生。但丁通过神秘化自己的恋情、神圣化自己的恋人，提升了自己的写作艺术。然而，只有爱是不够的，但丁觉得《新生》的完成还不足以表达他的旷世之恋。他于是继续寻找自己的写作之路，拓展思想容量，寻找适合表达自己心迹和抱负的形式和主题。在此过程中，他历经人生磨难，深入研究意大利方言，进行诗学思考，为创作《神曲》打下了扎实的基础。

现实磨难

如果说但丁人生第一个阶段的角色是为爱痴狂的青年诗人，那么他人生第二个阶段的角色就是经受现实磨难的诗学探索者。但丁出身高贵，受过良好的教育，享有诗人的名声，只要他选定了人生目标，便很容易脱颖而出。

在贝雅特丽齐去世后，但丁一方面勤奋钻研哲学、神学等知识，在学问上取得了很大长进；另一方面，他热情地介入现实生活，参军，上前线作战，建立功绩。他还加入了药剂师行会，这是从政的必要途径之一，因为药剂师行会可以推荐城市执政官人选。但丁如愿以偿，当选为六名执政官之一，自 1300 年 6 月 15 日至 8 月 15 日，任期两个月。他志得意满，前途远大似无可限量。不幸的是，佛罗伦萨的政局不稳，两大党派间的争权夺利非常激烈。但丁所在的白党失利，他被诉犯有贪污罪，被判决没收财产，终身流放。

有人把写作当成职业，码字挣钱，养家糊口。有人对文学心存敬畏，把创作看成毕生追求的事业。但丁的文学创作则和个人际遇相伴相生，与他的毁誉甚至生死休戚相关。他写作的一个明显特征就是采用第一人称写作。他觉得自己受到了不公正对待，他的名声受到了诋毁。他需要辩护，需要明确地宣示自己应有的地位。但丁的作品既反映了时代风云，也是他对自己名誉的辩护和证明。他的作品浸透了他的人生苦难，倾注了他通过文学讨还公道的期待。

如果但丁只是为爱写作，而没有经过世俗历练、党派争斗和流放岁月的现实磨难，他的《神曲》就不会那么博大精深、包罗万象。成就伟大的文学作品，只有爱是不够的。因为他的遭遇，他认识了意大利更广阔的现实，对人类的痛苦抱有更深切的同情。于是，对丑陋现实的揭露、对罪恶的鞭挞、对敌人的怒与恨，和对贝雅特丽齐的爱一起，构成了但丁的写作底色。他的爱，他的恨，他的怨气，他的豪迈，都清清楚楚地写在作品里。这使得他的文字格外有思想和情感的张力。

诗学理想

但丁离开佛罗伦萨后，来到了博洛尼亚，探索诗学诗论，寻找写作的意义。他的诗学思想主要体现在《论俗语》和《飨宴》中。

在《论俗语》中，但丁提出了理想语言、理想主题、理想诗人的概念。在历数了意大利各地方言的特色并比较优劣之后，他相信，意大利俗语是最优秀的语言。他还仔细讨论了音节的不同效果、单词的分类，引证详细具体的例子，说明构成理想的诗歌的各种要素：语言、结构、音节、诗行和词类等。但丁把诗人的才能、语言和主题视为一体，主张好的诗人要采用好的语言写作，处理好的主题。他提出一个重要观点："最好的思想来自天才与学识，所以最好的语言只适合于才识兼备的人。"①《论俗语》是但丁为意大利俗语提供的"最早的、理由充分的辩护"②。他后来决定采用意大利语写作《神曲》，完全基于他对意大利语的认识和信心。《论俗语》的写作说明，但丁在理论思想、使用的语言、修辞风格、题材、主题的选择上，都做好了写大作品的准备。只是他尚不知道，他对理想诗篇、理想语言和理想诗人的期待，将由自己实现。写出伟大的意大利语诗篇，将是他的使命。

但丁的下一部著作《飨宴》"是意大利第一部用俗语写成的学术论著，打破了中世纪学术著作必须用拉丁语的清规戒律"③。他主要诠释自己在佛罗伦萨时期写就的诗歌，旨在改良道德人心，传播知识、真理和正义。他表达了对美好世界的渴望，希望读者能够从他提供的精神食粮中受益。然而，这两部论著都没能按计划完成。

---

① 但丁. 论俗语//章安祺. 缪灵珠美学译文集：第一卷. 北京：中国人民大学出版社，1998：286.

② HARLAND R. Literary theory from Plato to Barthes：an introductory history. Beijing：Foreign Language Teaching and Research Press，2005：31.

③ 吕同六. 编选者序//吕同六. 但丁精选集. 北京：北京燕山出版社，2004：5.

但丁写《论俗语》的目的，本来是用它开展意大利方言的讲座。他认为《飨宴》是自己的代表作，结果却反响平平。他不得不寻找新的形式表达自己的理想。"但丁很快意识到，在意大利并不存在实现此计划的社会和政治条件。因此他中断了两部作品的写作，转而开始写作《神曲》，在这部诗歌中他无须求助于政治权力来成为地上世界的诠释者和科学家。"[1]

与此同时，佛罗伦萨政府要求博洛尼亚驱逐避难的白党人员。他和被流放者团体闹翻，成为一个人的党派，不再享有被流放者同道的资助，只能靠自己。生计方面，他偶尔承担秘书或外交任务以增加收入。这时的但丁并不清楚自己的写作特点和素材优势。无论他的人生，还是他的写作，都处于中途，处于迷茫探索中。

但丁没有意识到，他是诗人，终将以诗闻名。他有足够宽广的胸怀、足够高远的目标、足够多的现实历练。他已经磨砺了自己的写作艺术，这些诗学探索已经为他写出大作品奠定了坚实的语言和思想基础。他缺乏了解的是他的主题、写法和写作目的：他要写什么？怎么写？为什么写？

如果他领悟了自己作为诗人的命运，认清了自己独有的素材和写作特点，那么，通过诗歌创作，他就可以成就他理想中的道德、哲学、神学、教育等所不能成就的梦想。因为这些探索，他的爱、他的诗似乎暂时被冷落、被放下了。其实，他的爱、他的诗一直都在，静候他生命中某一时刻的觉醒，让他重新拾起，用新的写作手法表达他

---

[1] 安东内利. 但丁、彼特拉克与欧洲知识分子的起源. 成沫，译. 复旦学报（社会科学版），2019（3）.

通过哲学、诗学探索领悟到的爱的新境界。

这是一个普遍现象。很多作家写到一定程度时，遇到创作瓶颈，就会抛开原来熟悉的题材，一心想要有所创新、有所突破，于是寻找新技法，抬高眼界，扩大思想容量。经过千辛万苦的寻寻觅觅，兜兜转转一大圈，结果却发现，那最初感动自己的一切一直不曾离开，只待蓦然回首。这样，再回到当初熟悉的素材和主题，就能写出大格局、大境界。

让但丁完成心愿的作品就是《神曲》。"他在《飨宴》中写下的每一句话以及他接下去想写的一切，都将以另一种形式重现：《神曲》。"[1]他所处的时代和他个人生活的沧桑变化为他的作品提供了丰富的素材。他潜心研究民族语言、诗学、哲学和神学，为写出心目中的大作品做好了各种准备。

如果用一句话概括但丁的写作之路，那就是，通天之路在人间。但丁的"通天之路"即他的《神曲》创作，他以《神曲》追求与爱人在天堂相会，爱赋予他动力，他的三界游历赋予《神曲》形式和主题。"在人间"意指但丁为写作《神曲》而经历的现实磨难和诗学探索。但丁的《神曲》是以爱串起来的教育、道德、哲学梦，现实际遇是基调，爱是统领，语言和诗学探索是他通往爱的阶梯和路径。

---

① 雷诺兹. 全新的但丁：诗人·思想家·男人. 吴建，张韵菲，译. 哈尔滨：黑龙江教育出版社，2014：126.

游历三界，重塑空间

入地上天求之遍，是但丁成为经典诗人的历程

但丁为写作自己心目中的作品做好了准备。作为诗人，他终于回到了用文学的方式表达他的爱，表达他的宗教、政治、哲学、神学思想。在《神曲》中，诗人通过生动形象的人物塑造、引人入胜的情节安排、完美的结构、适宜的语言，以及空间移位、改变形象等艺术手法，建构出自己的形象，以期与被神圣化的恋人身份相称，无愧地与之相向而立。

三界定褒贬，空间赋新意

《神曲》由《地狱篇》《炼狱篇》和《天国篇》构成，按照但丁游历地狱、炼狱和天堂的顺序依次写出。

阅读《神曲》，犹如看一幅幅画面，在空间里看故事，根据人物在画面中的位置判断这个人物的内心活动和功过是非。开篇第一幅画面是中年但丁迷失在黑魆魆的森林中。后来，一幅幅、一帧帧画面的色彩越来越明亮、绚烂。画面从一开始时的幽暗模糊到后来明朗光艳，渐次呈现。

地狱中为罪孽深重者的亡灵。其罪越重，在地狱中下沉得越深。《地狱篇》描写了各种恐怖、痛苦的画面和惩罚手段。但丁之前，这

类描写多以一种寓言的方式呈现，人物是象征或虚构的，充斥着说教的成分。但丁增加了现实元素，把他当世的仇人放进地狱，发泄着个人仇怨。在这里能够看到前世今生的因果，看到历史与现世的交织。地狱有九层，每层还可细分，各层有各种罪，各种罪有各种惩罚，针对性强，荡魂摄魄。所以，但丁的《地狱篇》既是来世的预言和警示，也是现世现报的评判和诅咒。

炼狱中，按照基督教的七重罪安置等待净化的灵魂。《炼狱篇》描写的是灵魂一层一层去除各种罪的经历。在炼狱里，但丁不仅觉得恐惧，而且经历了灵魂的七重净化，在净罪中上升。待他抵达天堂，由贝雅特丽齐迎接，升至诸层天，拜谒最高的神祇和永恒的存在。《天国篇》是对神的敬仰和赞美，天堂也是但丁与贝雅特丽齐的相会地和灵魂升华之境。

《神曲》是关于空间的艺术。但丁把人生浓缩成了一幅幅画面，把时间压缩在不同的空间里。人的一生也许很长，从时间维度上看要做很多事，这些事一件接一件地排列下去。而在但丁这里，他把一生的写照和归处描摹成渐次展开的画卷。他以前所未有的笔法分别描写了地狱、炼狱和天堂，并赋予其新的象征和寓意。在他之前，人们主要从宗教中了解它们的大体样貌，知道坏人会下地狱、好人会升天堂。但是，地狱、炼狱、天堂的形式和结构得以清晰地展现出来，要归功于但丁在《神曲》中的描写。

同时，但丁重新判定了值得在天堂中永生和应该下地狱的人，让生命在世间的善恶功过对应于不同的空间，以空间凝固时间，警示世人，表达褒贬，评判是非。他延伸了生命的存在形式，拓展了空间的效用。在文学贡献上，可以说，但丁重塑了文学作品中的空间。

多重形象亲历其境，神曲与人曲交相辉映

在《神曲》中，但丁采用第一人称，写诗人先后游历不同空间，带给读者身临其境的现场感。由地狱、炼狱至天堂，但丁以不同形象逐级上升，靠近亲密恋人。

《神曲》设定的游历时间为 1300 年，时年但丁 35 岁。以 70 岁为预期寿命，但丁正在中途。此时的但丁在流放中，生活上居无定所，政治上大志未酬。一直萦绕在他心底的、答应给爱人的理想的诗篇并未完成，已经写出的作品没有得到预期的认可，他正不知置身何处，亦不知去往何方。人生中途也是迷途，取舍未定，无着无落。

这是迷途者但丁。

> 在人生的中途，我发现我已经迷失了正路，走进了一座幽暗的森林，啊！要说明这座森林多么荒蛮、艰险、难行，是一件多么困难的事啊！[1]

在迷途中，他遇到三头野兽拦路：一头豹子、一头狮子和一头母狼。诗人觉得恐怖难逃。但丁崇敬的古罗马诗人维吉尔现身，带领诗人走出困境，并且告诉但丁未来的路线：他将做他的向导，领他经过地狱和炼狱。昏暗的森林与三头野兽各有寓意。诗人就在这样的丰富寓意和象征中带领读者上路。

但丁对未来的旅程缺乏信心，害怕自己没有足够的德行来带着肉

---

[1] 但丁. 神曲：地狱篇. 田德望，译. 北京：人民文学出版社，1990：1.

身走进灵界。维吉尔看出了但丁的犹豫。他告诉但丁是谁派他前来救助，为何要有此番游历。如果我们知道但丁心之所属的话，就很容易猜到答案。不出所料，正是贝雅特丽齐求助维吉尔前来引领但丁。

但丁是游历者。进入地狱，但丁随维吉尔开始游历第一圈：灵泊地。其后的诗行，但丁以游历过程中的所见所闻、所感所悟为主线进行描写和记述。游历赋予作品形式和情节主线。进入冥界，在摆渡逝者的渡口，但丁认出当时已逊位的教皇的幽魂。他和但丁是同时代人。我们读下去就会发现，《神曲》里所描写的各种灵魂皆为现实人物或历史人物，都确有其人。所以，这是一部神曲，也是一部人曲！但丁书写"神之喜剧"，也描摹人间百态。

这次游历将开启他的又一次"新生"，给他前所未有的经历，让他穿越古今时间，跨越生死界限。自地狱而炼狱，最后至天堂，但丁经历了一段从极苦到极乐、由警示到觉悟的旅程。这是诗人的认知之旅、净化之旅、信仰之旅。

从地狱、炼狱到天堂的上升中，但丁的角色不断发生变化。他是基督徒诗人，因此我们不难理解，《神曲》有说教的成分。人物的空间位置反映了但丁作为基督徒的偏好：令他尊敬的异教徒诗人只能在地狱，无所作为的教徒则可以上天堂。

但丁是审判者。但丁在游历过程中，也表达他的怨恨、他的复仇和他的审判。他是名门之后、著名诗人，也曾身居要职，如今却不得不屈尊乞求别人。他怨处境贫穷，恨世道不公。因为在政治斗争中失利，他被判流放，所以怒火满腔。他审判佛罗伦萨人，安置过去的亡灵。他也把现实中的仇人放入地狱。"在上帝的名义下，当时这位最大胆的诗人对全部过去和现在进行了谴责或祝福。"① "但丁根据自己的裁决将那些人安置在灵薄狱（灵泊地）、地狱、炼狱和天堂里，因为他是真正的先知并希望在自己活着时就兑现预言。"② 他自认为掌握了真理。他审判整个世界，定义三界空间。

但丁也是求索者。他探究世间之恶及恶之原因，发表自己的政治观点、宗教主张和对正义的看法。为了追求正义与至善，他抨击教会，鞭挞罪恶，意欲恢复神圣的信仰。《神曲》既抒写疾恶如仇之意，又怀抱救治世间疾苦之心。他上下求索，为人类寻找出路。在但丁对世道人心的评说中，此生与彼岸连接，天堂与人间对映。作品气势恢宏，这是那部他承诺过的、用诗人从未用过的语言写出的梦想之作、雄心之作和生命之书。

与恋人相会在天堂，这是一个浪漫的梦想。《神曲》的写作也是但丁对自己与恋人相会之路的探索。在《神曲》中，贝雅特丽齐承担了不同的角色和作用：引领者、拯救者、预言家。她是但丁进入天堂的向导。她指导他的人生方向，引领他走上正路，斥责他负心移情，预言他的使命，希望他传播真理、匡扶正义、宣告救赎与永生。在漫长的西方文学史中，"没有什么比但丁对贝亚特丽丝的赞美更为高扬激烈，贝亚特丽丝从一个欲望的形象升华为天使的形象，成为教会拯救等级体系中的关键因素"③。在但丁游历的每一处紧要地方，在每一次危急时刻，都会适时出现引导者，帮助他化解危机，渡过难关。

---

① 黑格尔. 美学：第三卷：下册. 朱光潜，译. 北京：商务印书馆，1981：180.
② 布鲁姆. 西方正典. 江宁康，译. 南京：南京译林出版社，2011：69.
③ 同②59. 此处引文中的"贝亚特丽丝"和此章中的"贝雅特丽齐"指同一个人，为不同文本中的译名。

这些引导者的背后都有来自贝雅特丽齐的指令。无论作为地狱的旁观者、炼狱的参与者还是天堂的受惠者，但丁都得到了一个诗人能够得到的所爱之人的全部庇佑和祝福。

《神曲》的写作由爱开始，以爱终结。它是但丁的爱情诗，用来献给未尽意的人间的爱情。屈原曾自明心迹："亦余心之所善兮，虽九死其犹未悔。"白居易这样表达唐明皇对杨贵妃的跨越时空的思念："排空驭气奔如电，升天入地求之遍。"这些诗句在但丁身上也同样适用。

爱的宣言与自我经典化

在《神曲》中，但丁高歌了一曲由爱引导的走向与恋人结合的爱之颂歌。恋人的美不断增加，但丁的创作艺术也不断完善。最终，她的美达到极致，但丁的艺术也臻于完美。《天国篇》第三十章写道：

> 自从我今生在世上，第一次看到她的容颜那天起，到这次在此处看到她，我对她的歌颂，从来未被困难阻断；但是现在，我必须像每个艺术家达到他的能力的极限时一样，停止作诗，歌颂她那不断增加的美。[1]

《神曲》"是但丁献给贝雅特丽齐的诗歌礼赞"[2]。诗人在现实人生中失去的，都在《神曲》里得到了补偿。《神曲》是一部大作品，单靠信仰而没有世俗欲念的支撑是很难写下去的，或者说很难写得这

---

[1] 但丁. 神曲：天国篇. 田德望，译. 北京：人民文学出版社，2001：182.
[2] 刘易斯. 但丁. 张心童，译. 北京：生活·读书·新知三联书店，2017：16.

样完美。而写作形成的这种对巨大缺憾的弥补，就是作家写作的动力之一。

《神曲》是但丁爱的宣言，更是他将诗人的桂冠戴于自己头上的自我经典化之书。但丁热爱家乡佛罗伦萨，他热切地希望有朝一日回到家乡，以诗人的身份，在古老的圣乔瓦尼洗礼堂头戴桂冠加冕，让家乡永远以他为荣。在他的流放途中，这梦想时时伴随着他。在他的有生之年，却永远没有实现的可能。

在诗中，他让自己倾心的诗人维吉尔与他同行，引领他，指点他。他把自己与伟大的诗人们相提并论，却比他们走得更远、升得更高。在《神曲》的第四章，但丁就已经把自己与伟大的诗人相提并论。当他随着维吉尔开始正式游历地狱第一圈灵泊地的时候，遇到了大诗人荷马、贺拉斯、奥维德和卢卡努斯。四位大诗人相互交谈，向但丁表达敬意。"他们还给了我更多的荣誉，因为他们把我列入他们的行列，结果，我就是这样赫赫有名的智者中的第六位。"[①] 与其他五位同享盛誉的诗人不同，他是基督诞生之后的诗人。他问心无愧地评价自己为第一位有"正教信仰"的伟大诗人。这种自信前所未有。在《神曲》完成了一半的时候，但丁清楚地知道，他已经超越了所有的意大利语作家。

《神曲》写到了历史、诗歌、政治、神的谱系，写出了对意大利历史与现实的认识，通过展现诗人在地狱、炼狱和天堂的游历，丰富了文学对于空间的表现力。这种深度、广度、现实感及艺术性使《神曲》不同凡响。

---

① 但丁. 神曲：地狱篇. 田德望，译. 北京：人民文学出版社，1990：21.

《神曲》还是一部信仰之书，是"神圣的喜剧"。作品中关于地狱、炼狱和天堂的结构符合中世纪人们的信仰，属于人们能够接受和理解的范畴，道德训诫的主题也很寻常。

《神曲》还是一部现实批判之书、一部自我辩护之书。区别于一般的宗教主题作品，但丁给宗教寓言注入现实因素，以宗教寓言故事为框架来映射现实。他给很多活着的人判定归宿，并为自己遭遇的不公辩护。

但丁一生追求爱情，也追求成为诗人。在《新生》中，他是痴情的恋人，也是青春的诗人。在《论俗语》和《飨宴》中，他是诗学、哲学、神学与道德的探索者与传播者。在《神曲》中，他是深情款款的恋人，也是怒火满腔的复仇者；他是未来的预言家，也是现世的审判者。种种形象之下，是最真的但丁：诗人。他在天堂安置了自己的恋人，也在自己身后树立了一座神龛。

但丁的思想构成和神学题材虽然是中世纪的，他的写作意识却具有现代性。所谓现代写作，一个重要特征就是对个体意识的重视。但丁把个人经历和传记因素融入文学创作，区别于宗教寓言的说教，区别于史诗对英雄的赞颂。他既终结了中世纪以神学为主导的写作，又开启了具有明确个体意识的现代写作。"但丁是文学历史上一个绝佳的典范，他代表了这样的作家：在每一个重要关头，都寻求自我（人性上的、道德上的、心理上的、想象上的），找到自我，定义自我——实际上，也就是讲述自己的人生经历。"[1] 但丁之所以被称为第一位现代作家，很大程度上是因为他建立在个人经历和体验基础上的写作

---

① 刘易斯. 但丁. 张心童，译. 北京：生活·读书·新知三联书店，2017：130.

理念与杰出的文学实践。

无论是为了一往情深、不能忘怀的爱人，还是因为遭到有罪判决而不得不进行自我辩护，但丁的作品都具有强烈的个性特征。他将暗恋这样的私人事件和自我辩护的恩怨，与广阔的社会现实和深奥的神学思想相结合，写出了大境界、大主题。他以个人形象入诗，表达他所处的时代风云、思想和情感，成为注重个体表达和与时代精神相融合的现代诗人的先驱。从这个意义上说，但丁既是古典的，也是现代的。他是经典诗人，也是永远的当代诗人。

第三章　莎士比亚：作家与语言及人物

　　诗人的眼睛在神奇的狂放的一转中，便能从天上看到地下，从地下看到天上。想象会把不知名的事物用一种形式呈现出来，诗人的笔再使它们具有如实的形象，空虚的无物也会有了居处和名字。

——莎士比亚：《仲夏夜之梦》

　　凭着这一本戏，我可以发掘国王内心的隐秘。

——莎士比亚：《哈姆莱特》

威廉·莎士比亚（William Shakespeare，1564—1616），英国文艺复兴时期伟大的剧作家、诗人，创作了 38 部戏剧、154 首十四行诗及两首叙事长诗等。

描写人是文学的核心，作家的成功很大程度上是因为他留下了让读者印象深刻的人物。莎士比亚将形形色色的人物带上舞台，从多个层次探索了复杂的人性。

　　莎士比亚的成就是举世公认的，他为人所知的生平经历却极为简单。从小镇少年到登上环球剧场大舞台，他的成长是个人禀赋和时代及环境等多方面合力的结果。他的写作稳定而高产，他了解观众需求，善于借鉴与创新，不断锤炼语言，敢于把人物推向绝境，探底人性的深度。通过追溯和总结他的成长与创作，结合他不同时期的作品，我们得以窥见这位伟大作家的品质，并试着去理解他如何成为莎士比亚这个迷人而令人困惑的问题。

何以莎士比亚

伟大作家的品质与天才的双重特征

与荷马和但丁不同，莎士比亚从来不吁请缪斯为他加持灵感，也从来没有设置一个角色替他代言。他选择在作品中彻底隐身，让人物说话。他的写作似乎完全出于源源不断的奇思妙想。

现实生活中的莎士比亚曾经是小镇少年、演员、编剧、诗人、剧院股东和乡绅。透过这几个角色，以及他的人生阅历和创作，我们得以探寻他作为作家的特质、他的写作环境和艺术历练，找到他成功的原因以及他的天才特征。

伟大作家的品质

莎士比亚是活的经典。他的戏剧被改编成多种形式在世界各地上演，他的作品被不断翻译、研究和阐释。在他之前，英国流行的是宗教道德剧、寓言剧，如今这些戏剧早已无人问津；在他之后，他的悲剧、喜剧、历史剧、传奇剧深入人心，几乎家喻户晓。莎士比亚的伟大品质表现在很多方面，说法也不尽相同，我们大致可以归结出以下五点。

第一，才华全面。莎士比亚的戏剧种类齐全，喜剧、悲剧、历史剧、传奇剧等佳作颇多。他的艺术手法丰富多样，比如双重视野、戏中戏、角色扮演、人物独白等，极大地拓展了戏剧的舞台表现力。他的诗歌涵盖了当时流行的十四行诗和叙事诗。

第二，内容丰富。位于伦敦泰晤士河畔的环球剧场入口上方写着一句话：世界是个大舞台。我们也可以说，莎翁舞台装天下。莎士比亚戏剧犹如大千世界，形形色色的人物都出现在他的舞台上，内容涉及历史、政治、宗教、法律、经济、贸易乃至社会生活的方方面面，堪称英国社会的百科全书。

第三，主题复杂。莎士比亚几乎触及了当时所有的重要话题。他善于借鉴旧题材，大胆创新，勇于挑战和颠覆固有认知，敢于把人物推向绝境，探测人性的极限。他的作品总能引发无限遐思和多元阐释。在学者眼里，他是"说不尽的莎士比亚"——莎士比亚研究成为各种批评方法的实验场和检验地，几乎所有的批评理论与方法都可以用于阐释他的作品。对于观众而言，"一千个人眼中有一千个哈姆莱特"，每个人都能对他的作品生发出不同的感慨和理解。

第四，影响力广泛。莎士比亚作品的一个突出特点就是既复杂又简单、既深刻又通俗，因而容易引发观众强烈的共鸣。专业剧团在世界各地巡演莎士比亚戏剧，在公园的开阔地、在校园的教室里也可以上演莎士比亚戏剧。每年都会出版各种译本、改编版、简化版的莎士比亚作品集，并不断有莎翁作品被改编成影视剧或地方戏。他的个人生活也被不断演绎和再现。

第五，语言独具魅力。这是莎士比亚作品长盛不衰的法宝。莎士比亚的作品既用作舞台演出的脚本，也是供一般人阅读的通俗读物，更是可供专门研究的经典之作。作品能够同时得到演员、读者和学者的一致认可，一定程度上归功于莎士比亚的语言特色。他用诗体写戏剧——剧本大约百分之八十的对白为无韵诗体——同时将诗歌的节奏感发挥得淋漓尽致。所以，他的戏剧台词不管多长，读来都朗朗上口，流畅自然，很受演员欢迎。对于文学作品而言，能够长久活下来的就是语言。语言是文学作品的生命。

莎士比亚吸收了他那个时代的语言精华。他的语言有神学文本的庄重，有学术语言的典雅，有宫廷语言的规范精致，有伦敦腔的亲近悦耳，还有市民口语的生动活泼。上至王公贵族，下至贩夫走卒，都愿意进剧场看他的戏剧。一般的观众一听就懂，不觉其复杂拗口。文化水平高的观众则越听越有味道，不觉其浅薄粗陋。他把语言的俗与雅都发挥到了极致，既有俗语俚语、诨话笑话，也设置辞藻华丽、用典繁复的比喻修辞。他表达的浓情蜜意让人心醉神迷，辛辣讽刺又叫人无地自容。他赋予英语新的活力和无穷魅力。

我们通过《哈姆莱特》中的一段独白体会一下莎士比亚的语言特色和魅力。《哈姆莱特》中有一句著名台词："To be, or not to be, that is the question"（"生存还是毁灭，这是一个值得考虑的问题"[①]）。如果看原文，我们会发现这句话的用词特别简单，看一遍就能明白它的意思：哈姆莱特在做一个选择。在这句话之后，稍做几句沉吟，他便话锋陡转：

　　　　谁愿意忍受人世的鞭挞和讥嘲、压迫者的凌辱、傲慢者的冷眼、被轻蔑的爱情的惨痛、法律的迁延、官吏的横暴和费尽辛勤

---

① 莎士比亚. 莎士比亚全集：Ⅸ. 朱生豪，译. 北京：人民文学出版社，2014：150.

所换来的小人的鄙视，要是他只要用一柄小小的刀子，就可以清算他的一生？谁愿意负着这样的重担，在烦劳的生命的压迫下呻吟流汗，倘不是因为惧怕不可知的死后，惧怕那从来不曾有一个旅人回来过的神秘之国，是它迷惑了我们的意志，使我们宁愿忍受目前的折磨，不敢向我们所不知道的痛苦飞去？这样，重重的顾虑使我们全变成了懦夫，决心的赤热的光彩，被审慎的思维盖上了一层灰色，伟大的事业在这一种考虑之下，也会逆流而退，失去了行动的意义。①

整段独白跌宕起伏，如山岳耸峙，拔地而起；似瀚海无边，波涛汹涌。读两遍也不一定理解透彻，看十遍仍觉意味深长。感慨，质问，既铿锵有力，掷地有声，又疑虑重重，止步不前，徘徊不定；既欲下决心，奋起反抗，又叹处境险恶，世事无常；更疑身后难料，两处茫茫。这就是典型的莎士比亚风格：用词简，句意繁；先直截了当，言简意赅；再反复铺陈，一咏三叹。所以，他的戏剧能够引发多层次、多角度的理解和阐释。所谓"一千个人眼中有一千个哈姆莱特"的说法就不足为奇。这是对英语的登峰造极的应用和发挥。

经过四百多年的历程，莎士比亚已经成为英国文化的象征，也标志着人类文学艺术的一个高峰。在这个过程中，莎士比亚的戏剧从演出脚本逐步演变为文学经典，这首先得益于他的两位同行对剧本的收集刊印，后经一代又一代研究者勘误校对、编纂注解。演出、改编、翻译、阐释相互促进，演员、改编者、译者与文学研究者共同努力，

① 莎士比亚. 莎士比亚全集：IX. 朱生豪，译. 北京：人民文学出版社，2014：150.

为莎士比亚戏剧的传播起到了添砖加瓦的作用。

莎士比亚戏剧在中国的接受也是如此。从朱生豪、梁实秋的全集译本到众多当代译本，汉译成果不断涌现，各种舞台表演改编也佳作频出。可以说，莎士比亚赢得了不同时代、不同地域的异口同声的赞誉。

谁是莎士比亚

相对于莎士比亚经久不衰的声誉，"谁是莎士比亚"是一个有些神秘的问题。原因在于莎士比亚的存世证据非常稀少，他不写日记，没有书信留下来，人们对他的实际了解少之又少。而莎士比亚的作品又家喻户晓，这就形成了巨大的反差。

可以确定的是，他的家乡在英国中部埃文河畔的斯特拉福镇，因为镇上的三一教堂有他出生后接受洗礼的日期记载，那里还有他的墓地和塑像。他在教堂里面最显眼的位置为自己和妻子及女儿女婿等家人买下了长眠之地。为了不让别人迁动他的墓穴，他自己拟定了墓碑上的文字：

> 看在耶稣的份上，好朋友，
>
> 切莫挖掘这黄土下的灵柩；
>
> 让我安息者得上帝祝福，
>
> 迁我尸骨者定遭亡灵诅咒。

他是否预料到了，以他的名声，英国人肯定希望把他安放在伦敦威斯敏斯特教堂的诗人角？他却愿意长眠于故乡。

如今，斯特拉福镇成为文学圣地和旅游热点。莎士比亚故居博物馆和三一教堂是来此地的游客的必到之地。现存故居是他出生的房子，几近毁坏，后来经过英国著名小说家查尔斯·狄更斯的呼吁保护，又加固翻修，才保留了下来。在按照伊丽莎白时代原貌复建的环球剧场，人们能够体验时光倒流，生发今夕何夕的感触。莎士比亚就读的小学依然书声琅琅，现在镇上的孩子依然能够听到当年召唤莎士比亚上学的钟声报时。驻足波光潋滟的埃文河畔，流连于茵茵碧草，观白云驻步，看天鹅悠然，会体味到莎士比亚对故乡的留恋。

除了莎士比亚出生的故居外，他自己购置的新宅、他大女儿的房屋、他妻子安妮·海瑟薇出嫁前的农舍等都被保留了下来，展示了莎士比亚当年家乡生活的完整图景，也构成了莎士比亚故居游的完整线路。直到如今，他还在日复一日地为家乡做贡献。

除了家乡，关于莎士比亚，留下的资料只有这些：财产协议文件、婚姻证书、演员表、纳税单、付费账单、遗嘱，以及他的几个签名。根据已有的几个法律文件的签名，可以知道他打过官司；从几张类似演出海报的纸页，可以知道他做过演员。他成功地申请了家族徽章，因为人们找到了批准的名单。

关于莎士比亚的生平，可以推断出如下事实：他18岁结婚，育有3个孩子——一个大女儿和一对龙凤双胞胎，其子幼年夭折。他到伦敦做过剧院的普通演员，后来成为编剧、股东。晚年返回小镇定居。他在家乡买房、置地，做一切可以盈利的投资。他在遗嘱中事无巨细地交代了后事：把大部分财产留给大女儿，对亲朋好友各有馈赠，把家里第二好的床留给妻子。

有证据可考的莎士比亚仅此而已。这些证据能够说明莎士比亚作为一个较为富裕的普通人、一个乡绅的生命存在，和他的文学成就基本上没有直接关系。我们不禁发问：他是那位才华横溢的莎士比亚吗？他具备写出莎士比亚作品所需要的资质、阅历和能力吗？

除却神秘的天赋，仅从作品中推测，作家莎士比亚的社会生活和知识领域至少应该罗列如下：他熟悉乡村，熟悉农业生产和手工劳作，尤其是羊毛加工、羊皮工艺和产品买卖；他熟悉森林，知道各种花草的名称和习性；他熟悉城市，去过伦敦的各类酒馆、街道；他对纯正地道的伦敦腔运用自如，对粗话俚语的使用也极为老练；他了解宫廷生活，与大臣有交往，到访过贵族庭院和国王宫殿；他熟悉戏院，懂剑术格斗、服装道具及各种舞台技巧；他能够准确观察人的行为特征，深刻洞察各种心理变化；他知晓历史、政治、宗教、法律、商业、贸易；等等。

根据我们已知的莎士比亚，这些资质和阅历能让他写出那些杰出的剧作和诗篇吗？换句话说，他何以成为名扬四海的大作家？我们所知的莎士比亚究竟是个什么样的人？他具备哪些得天独厚的条件和禀赋？如果想理解莎士比亚成为作家的秘密，除了他的作品，我们还要回到当时的社会文化环境中，结合他的现实角色进行探寻。

首先，莎士比亚是一位小镇少年。

莎士比亚的父亲从事羊皮手套的制作和买卖生意，是小镇的 23 家手套商之一。他同时买卖羊毛、大麦和木材并从事放债等营生，靠多种生意致富，还当选过镇长。在莎士比亚小时候，有不少剧团到镇上巡回演出，这引发了童年莎士比亚对戏剧的兴趣。当时演出的主要是道德剧，通常以抽象的概念命名剧中人物，目的是进行宗教训诫和道德说教。有的观众可能会觉得这些戏剧枯燥乏味，莎士比亚却乐在其中，并学会了给戏剧中的人物起象征性的名字，或以名字突出人物的性格特性。

除了巡回剧团，还有节假日期间各种同业行会和互助会表演传统剧目。舞台上既有名门望族登台亮相，也有小丑插科打诨、嬉笑逗乐，高雅与粗俗混在一起。"这些民间风俗都深深植根于英国中部，对莎士比亚的想象力可谓影响深远。"① 莎士比亚善于向传统民风民俗学习，这些戏剧的观摩经历让他相信，天地之间一台戏，一切皆可上舞台。

莎士比亚在镇上的小学学习文法、拉丁语和数学等。老师教拉丁语的方法是直接让学生读文学作品，改编、演出古典戏剧。热火朝天地背台词、扮角色，自己动手编剧本，一定曾给小学生莎士比亚带来不小的激动。可以说，在莎士比亚少年时代的小镇上，戏剧氛围浓厚，给了他必要的启蒙，激发了他对戏剧的热爱。

莎士比亚的家乡斯特拉福位于埃文河北岸。据统计，他在作品中曾 59 次提到这条河，26 处谈到河水泛滥。② 斯特拉福北面是阿登森林，在莎士比亚的很多剧作中，比如《皆大欢喜》《仲夏夜之梦》《辛白林》等，都写到了森林，里面蕴含着丰富的民间传说和古老记忆。他还曾提到 108 种植物、68 种鸟。来自乡村的莎士比亚做出这些描写是有说服力的。

① 格林布拉特. 俗世威尔：莎士比亚新传. 辜正坤，邵雪萍，刘昊，译. 北京：北京大学出版社，2007：16.

② SPURGEON C. Shakespeare's imagery. Cambridge：Cambridge University Press，1935：93.

莎士比亚通过家里的生意熟悉了羊毛与皮革知识。莎士比亚的剧作中有很多地方都有对手套的描写和对羊皮的比喻，比如《罗密欧与朱丽叶》《冬天的故事》《哈姆莱特》《皆大欢喜》《第十二夜》等。里面的描写精准且贴切，说明他观察仔细、记忆深刻。后来，父亲生意失败，家道中落，莎士比亚较早便结束了学校学习，回家帮助父亲。这让莎士比亚没能去读家乡附近的牛津大学，而对投资理财有了毕生的兴趣。

对莎士比亚产生很大影响的另外一件事是他的婚姻。他 18 岁时与安妮·海瑟薇结婚。妻子大他 8 岁，两人结婚时，安妮已有 3 个月的身孕，可以说是奉子成婚。年纪轻轻的莎士比亚就要负担起小家庭的全部责任。他是长子，中兴家业、光耀门楣的责任也落在他身上。经济上要改善，社会地位上要提升，这应该是莎士比亚最大的梦想。

其次，莎士比亚是演员兼编剧。

乡镇生活激发了他对戏剧的兴趣，给了他观察动植物的机会和知识储备；家道中落则影响了他的教育和命运，给他植入了根深蒂固的乡绅梦。内因和外因都激励他下定决心，改变人生。他找到的方向是离开家乡当演员。他的二弟也曾像他一样去伦敦剧院碰运气，这说明他的选择并不奇怪。

再次出现在人们视野中的莎士比亚已经是一名演员，这个证据出现在 1592 年一部戏剧的演员表里。作为演员的莎士比亚熟悉音乐、剑术、戏服、化妆、舞蹈等基本功，一位在伦敦做书商的老乡给他提供了看书的便利，让他能够从书中获取创作的灵感和素材。

在编剧方面，他有很多机会向同行学习。当时戏剧演出盛行，他以观众的身份看同行的戏，取长补短。他观摩、学习和竞争的主要对象和对手是"大学才子派"，他们多毕业于牛津大学或剑桥大学，个个饱读诗书，自命不凡，生活不拘小节，放荡不羁。他们是有才华又挥霍才华的一群人，罗伯特·格林和克里斯托弗·马洛是其中两位著名人物。格林 32 岁时，酗酒贫病而死。马洛不满 30 岁，就在酒馆斗殴中被杀。

莎士比亚和"大学才子派"在身份与教育背景上天差地别，他们的写作目的和生活追求各不相同，对待戏剧写作的态度也大相径庭。那时候，剧院雇用文人写剧本，编剧与演员为雇佣关系。"大学才子派"以诗人自许，更在意在编剧中体现自己的想法。莎士比亚是演员兼编剧。作为演员，他知道什么样的台词演员读起来效果好。作为编剧，他心里有演员，关心舞台演出效果。他常常在剧院一隅观察，了解观众的反应和演出效果。他为观众、为票房而写作，也为演员、为舞台而写作。这令他的作品非常适合演出。

对"大学才子派"，莎士比亚的态度是学其所长，避其所短。他悉心体会他们的戏剧创作艺术，避免他们放荡的生活和狂妄自大。这使他变得与众不同，不断地观摩、学习、演出、改善让他的剧本越写越好。他很快便脱颖而出。

莎士比亚生逢其时。他经历了英国戏剧繁荣的时代，伦敦的多家剧场总有新戏上演，不同阶层的观众都能在其中找到乐趣。他的写作生涯大体顺利。在 20 多年里，他创作了 38 部戏剧、两首叙事长诗和 154 首十四行诗，除了中间断断续续的 7 年时间因为瘟疫流行而关闭剧院之外，他基本上每年推出两到三部新戏。莎士比亚的戏剧事业稳步向前。到 1603 年伊丽莎白女王去世、国王詹姆士一世登基时，他所在的宫廷大臣剧团改为国王剧团，能够出入宫廷演出，一年多达十一二次。

最后，莎士比亚是剧院股东和小镇乡绅。

莎士比亚在剧团当演员、做编剧的同时，还持有剧院的股份。作为环球剧场的七位股东之一，他可以参与票房分红。他因此收入大增，积累了可观的财富，在家乡购买了宽敞漂亮的新居，还大量购置土地、投资谷物，将产业经营得有条不紊。他成功申请了家族徽章，完成了父亲的心愿，正式步入乡绅阶层。

莎士比亚 48 岁时辞别伦敦，封笔不再创作，回到家乡做了一名乡绅，安度晚年，直到 52 岁辞世。

天才的双重特征

通过回顾莎士比亚的经历，我们可以看出，他善于在多重现实角色间保持平衡，勤奋而自律，能够全身心投入创作之中。他的天才特征主要表现在两个方面：抽离性和世俗性。

第一，莎士比亚的抽离性。

莎士比亚在不同的环境中如鱼得水，能充分利用时代和环境的各种条件，成就他的创作。同时，他又似乎总是与周围格格不入。

在家乡小镇，他是多情的读书人；置身伦敦，他是外地来的乡巴佬；相较于演员，他是作家；在众股东之中，他是编剧。他总是与周围世界隔了一层，同时是演员、编剧和股东，每件事都参与其中，又对每种角色都置身其外，仿佛观众观望戏中人生，他能够看清楚所有的角色，而不是扮演一个特定的角色。

莎士比亚不会沉浸在某一角色里不能自拔，不会情到深处不能自已。相反，他总能够抽离出来看舞台、看角色、看观众、看人生，当然，也包括看自己。故乡有他本真的自己，故乡之于伦敦的距离就是他和同行剧作家、演员的距离。总有一个故乡守望伦敦，总有一个自己提醒自己。擅长写戏入戏，写完戏又能置身戏外，这是莎士比亚人生如戏、戏如人生的抽离感。

这种人生的抽离感在戏剧创作中表现为：即使在挥洒天分的时候，他也清醒而理性。他的天赋从来没有失去过控制。相反，他有超一流的反观自身的能力。他能够在艺术超拔中反观自身，从而自省、自嘲、自我辩解，同时向观众做出解释。他有极佳的现场感，描写的人物即使是在梦中、在魔法中，都有很强的自省能力，都会反观自身，这可能就是他维持长久创造力的秘诀。有的人会迷失在名利、高位或财富中，莎士比亚却从来没有迷失过。

第二，莎士比亚的世俗性。

无论在写作中，还是在生活中，莎士比亚一直扎根于现实。有些天才型作家很自恋，他们不考虑读者，即使作品乏人问津，他们也孤芳自赏。莎士比亚不是这类天才。他清醒地知道，自己要为观众写作，而非表现自己。

莎士比亚是无与伦比的诗人，以演员和剧作家为职业，又怀揣小镇乡绅梦。从根本上讲，他乃俗世中人。他的世俗性保证了他创作生涯的完整性，保证了他才华的自律性，也保证了他艺术的张力和可理解性。他高超却不神秘，深刻却不冷峻。他剧作的主题不高冷，反而很流行，涉及内容广泛，皆取自现实中人们关心的话题。他是观众中的作家、俗世中的诗人，能够审时度势，恰到好处地把握写作的效果和时机。他与现实没有距离。他始终在现实中。

　　莎士比亚是一位真正的职业作家。他把写作当成职业和事业，对待写作有一种务实的态度。他有天赋的才华，也有脚踏实地的理由。在他广受赞誉的岁月，他把挣的钱都带回乡下家中。在告别伦敦舞台时，他心满意足地回到出生的小镇做一名乡绅。他勤奋、自律、务实、克制，知止有定。

　　他的抽离性与世俗性是他天赋兑现的保障，也是他的天才特征。可以说，时代、环境、个人际遇、天赋和自律的合力，造就了独一无二的莎士比亚。

借鉴与创新 挑战与颠覆

对已有素材的借鉴与点石成金的改编

写作中的莎士比亚才情四溢，高产稳产。除了少数自己的原创，他的大部分作品都有素材来源，他对这些素材进行重新加工和再创作。"在当时的戏剧界……模仿与借鉴是创作的一部分，从受别人的影响到慢慢形成自己的风格是每个作家都要经历的正常过程。"① 莎士比亚的改编往往能够点石成金，改出新意，提升主题，写出特色。《威尼斯商人》就借用了流行话题，塑造出生动深刻的人物形象。《特洛伊罗斯与克瑞西达》则通过引入小人物，对传统主题进行彻底的颠覆。

《威尼斯商人》：借鉴与创新

《威尼斯商人》是莎士比亚最广为人知的作品之一，讲的是威尼斯商人安东尼奥借钱给朋友巴萨尼奥，帮助巴萨尼奥向鲍西娅求婚。安东尼奥自己却因为商船遇到海难，无法按约定的时间偿还他向犹太人夏洛克借的高利贷，被夏洛克告上法庭。夏洛克要求按照合同，割掉安东尼奥胸前的一磅肉还债。鲍西娅女扮男装，出庭与夏洛克对

---

① 阿克罗伊德. 莎士比亚传. 覃学岚，主译，包雨苗，王虹，郑璐，译. 北京：北京师范大学出版社，2014：264.

质，彻底击败夏洛克。

莎士比亚很善于捕捉社会热点，并根据需要搜集利用相关的素材。犹太人是当时的热门话题，诗人、剧作家马洛的《马耳他的犹太人》很卖座，这让莎士比亚也想要写一部关于犹太人的戏剧。创作于16世纪70年代的另一部英国戏剧《犹太人》揭示了世俗者的贪婪和放贷者心理上的血腥，也是《威尼斯商人》的故事来源之一。在古代以及中世纪许多民间故事中，曾出现过以借债人身体某个部位作为借据担保的情节。剧中还有一个情节是通过选匣子定亲，这个故事出现在一部意大利故事集中，莎士比亚应该看到过这部故事集的英文翻译版。《威尼斯商人》上演的时间是1598年，剧中安东尼奥的船被命名为安德鲁号，影射的是此前西班牙大商船圣安德鲁号搁浅后，被英格兰远征军缴获这一政治事件。[①]这就是《威尼斯商人》的创作背景和莎士比亚借用的素材。

安东尼奥在这部戏中是一个功能性角色，并不是主角。以安东尼奥这样一个不重要的角色的身份给剧本命名，主要是为了吸引观众注意到他的对手、剧中的主要人物之一犹太人夏洛克。一旦人物在脑海里出现，莎士比亚就会让这个人物带着自己走，而不是用自己的观念限制他。莎士比亚给了夏洛克滔滔不绝表达自己的机会，同时也给他设置了强大的对手鲍西娅。所以，就人物塑造而言，故事的主角显然是作为对立面在法庭上唇枪舌剑的夏洛克和鲍西娅。

鲍西娅在舞台上的出现让观众感到新鲜，她女扮男装现身法庭，

---

① 贝特.《威尼斯商人》导言//莎士比亚.威尼斯商人.辜正坤，译.北京：外语教学与研究出版社，2016：7.

展示了巨大的能量和智慧。这部戏剧是向杰出女性致敬的颂歌。

剧中莎士比亚安排鲍西娅女扮男装，一是为了制造惊奇的戏剧效果，推动戏剧情节的发展和矛盾冲突的激化；二是符合时代特征和剧情要求（当时女性很少在大庭广众下露面，如果想与夏洛克正面交锋，需要女扮男装）。我们在感叹、赞美、敬佩鲍西娅的同时，会感慨时代的变化（如果不是她的爱人遭了难，她也许永远不会出庭，她的才干也就不会显露），还会感慨莎士比亚思想的超前和伟大（即使受时代的局限，他还是在舞台上找到了让女性展露才华的方式）。

如果说鲍西娅的形象光芒四射，那么作为反派人物的夏洛克一登上舞台就令人难忘。

夏洛克给人印象深刻的身份是犹太人、放贷人。当时在威尼斯，基督教教义反对高利贷。夏洛克要求用一磅肉抵债，就是对安东尼奥借钱给人不要利息的一种报复。他和安东尼奥为借钱而起的争端是不同的人生观和宗教观的冲突。结局是夏洛克被迫放弃犹太教的信仰，他的一半财产被没收，另一半财产留给他的女儿。夏洛克的亲情、信仰和财富都输了个精光。

除了法庭上的失败，夏洛克的性格里还有对妻子的爱和对女儿的留恋。夏洛克的仆人告诉他，他女儿用他的绿玉指环换了一只猴子。夏洛克顿觉心头难过：那是他妻子丽莎在没有结婚的时候送给他的定情物。指环似乎不仅是一份财产，也寄托着一份情感。对他来说，财产和情感是一体的。所以，对金钱和复仇的执念，对亡妻的怀念，以及对女儿私奔和挥霍的心痛，这些感受在夏洛克的心头交织变换，可谓五味杂陈。这让观众对他有恨也有痛，还有一闪即逝的同情。究竟是应该恨夏洛克一心想复仇，还是该为他与亡妻的深情而感动呢？人物情感展示得既丰富又复杂，莎士比亚仿佛在肆意拨动观众的心弦，让观众的心随他的生花妙笔震荡、起伏。

莎士比亚塑造了两个不同寻常的人物，也拓展了戏剧的主题。这原本是一个由求爱与借贷而起的爱情与商业故事，却见证了友谊、爱情、财富、法律、种族与宗教的冲突。以现代人的观点看，有人读出了男女参与社会机会的不均，也有人看到了当时宗教的不宽容和种族歧视。这就是无法被限制的莎士比亚。他用写犹太人题材的跟风之作，塑造出了新型的女性人物，也把单一的犹太人主题写出了多样性。

不用自己的见解限制人物，而是跟着人物走，把人物设置在特定的场景和冲突中，让人物根据自身的特性做出相应的反应，这是莎士比亚塑造人物的诀窍。作家只对人物感兴趣，他只关注人物面对困境时做出的反应，从而赋予人物极大的自由。作品中展示的说话神态、思维惯性、举止做派都是专属于人物的，而不是作家的。作家消失在人物背后，不发声，不表态。这样，人物活了起来，让读者记住的是人物，让观众看到的也是人物，而不是作家的思想和意图。人物自有其性格和命运，这句话的根本可能就在于作家的隐身。

《威尼斯商人》中的艺术手法突出表现在两个方面：一是女扮男装设计，为难得发声的女性提供了发挥才干的舞台；二是贴着人物写，深入挖掘人物的内心世界。莎士比亚作为戏剧家选择了隐身和藏匿自己的观点，这使他塑造出鲍西娅这样超越时代的新女性，也塑造出一心报复、违反高利贷者逐利本性的复杂的夏洛克。

《特洛伊罗斯与克瑞西达》：挑战与颠覆

对多数人而言，《特洛伊罗斯与克瑞西达》不是一部为人所熟知的作品。该剧主要讲述特洛伊战争中赫克托尔与阿喀琉斯的较量，以及战争背景下特洛伊王子特洛伊罗斯与克瑞西达的爱情故事。希腊联军围困特洛伊城，战争处于胶着状态。特洛伊王子特洛伊罗斯因为陷入对克瑞西达的迷恋而不能自拔，难以出战迎敌。两条线索在剧中相互交织。这部剧并不著名，但从作家的角度看，它却很独特——这是莎士比亚向前辈作家的挑战和致敬。

故事的取材背景有两个：一个是荷马史诗描写过的特洛伊战争；另一个是"英国诗歌之父"杰弗里·乔叟的著名长诗《特洛伊罗斯与克瑞西达》，里面描写了特洛伊罗斯与克瑞西达的爱情故事。

莎士比亚将荷马和乔叟的两部作品中的故事融合在一起，他要挑战两座文学高峰，将同样的故事讲出不同的效果，换种方式讲经典，换个角度说英雄。他采用的主要写作手法就是设置对立人物。

莎士比亚在剧中设置了几对可以互相参照的人物。两位特洛伊王子：赫克托尔和特洛伊罗斯，前一位在两军阵前勇猛杀敌，后一位沉迷爱情不愿出战。两位女性：一位是美的化身海伦，一位是情欲的象征克瑞西达。希腊联军里也有两位英雄：一位是真正的大英雄阿喀琉斯，一位是自命不凡的埃阿斯。还有两位智者：一位是谋略过人的尤利西斯，一位是老朽迂腐的涅斯托。希腊联军和特洛伊城的两位王者也是对立并置的：希腊联军统帅阿伽门农气势非凡，特洛伊国王普里阿摩斯庄重威严。

　　还有两对不一样的关系：一对是阿喀琉斯和帕特洛克罗斯，另一对是克瑞西达和特洛伊罗斯王子。帕特洛克罗斯激励阿喀琉斯上战场，不希望他受自己拖累而束缚了手脚，落个懦夫的名声。为了激励他上阵，他穿着阿喀琉斯的铠甲出战，结果被赫克托尔刺死。阿喀琉斯为替好友报仇，重新披挂上阵。克瑞西达和特洛伊罗斯王子这边，克瑞西达把爱情当游戏，对王子欲就还推，等到她被父亲带到希腊军营中，她马上投入了新欢的怀抱。目睹了这一切的特洛伊罗斯王子对爱情幻灭，这反倒激发了他成为一名战士的勇气。他从受欺骗的爱情中醒悟过来，在赫克托尔死后，开始承担起保卫特洛伊城的重任。阿喀琉斯和特洛伊罗斯后来成为直接的对手，他们以不同的方式受到激励而重新投身战斗。

　　还有一对最大的对手：阿喀琉斯和赫克托尔。两人的敌对贯穿全剧，双方的态度却截然不同。赫克托尔光明磊落，强调公平战斗，他认为打累了就应该停歇，给人喘息的机会。他的单纯和豪情让人感动，又让人遗憾。阿喀琉斯只求胜利，不择手段。他趁赫克托尔卸下盔甲、停战休息之时，命令众将士将他乱枪刺死。阿喀琉斯虽然获胜，却胜之不武。本应势均力敌的交锋却没有让人感到一丝一毫的酣畅淋漓和大气磅礴。相反，胜利者不光彩，失败者也死得很窝囊。荷马史诗中激动人心的壮举在莎士比亚的舞台上却显得滑稽可悲。莎士比亚颠覆了荷马史诗中的英雄对决，正如他颠覆了爱与美的传统主题。

　　为了强化这种颠覆效果，莎士比亚还别出心裁地设立了两个对立并置的小人物：一个是特洛伊城中的潘达洛斯，另一个是希腊联军中的无赖忒耳西忒斯。作为特洛伊罗斯王子和克瑞西达的牵线人，潘达洛斯本该是一个类似红娘的角色，莎士比亚却把他刻画成一副皮条客的嘴脸。他庸俗不堪，张口皆为欲与利。在他眼里，爱只不过是利益和情欲的结合与满足。忒耳西忒斯则油腔滑调，满嘴污言秽语，对看到的一切都极力嘲讽。在他口中，爱情是淫欲，勇气是虚夸，理性乃陈词滥调，荣誉不过虚妄，短兵相接如同两条狗争骨头。忒耳西忒斯这样评价这场战争：

> 这里到处是狡诈、虚伪和欺骗！所有争执不过是为了一个乌龟和一个婊子，只弄得彼此猜忌闹分歧，头破血流命归西。哎，让惹这事的身上长疮，让战争和淫欲把大家都毁光！①

忒耳西忒斯嘴里所称的"乌龟""婊子"分别指海伦的丈夫墨涅拉俄斯和与人私奔的海伦。

潘达洛斯和忒耳西忒斯这两个小人物在剧中没有任何交集，也没有对故事进程和人物命运产生任何影响，却一直喋喋不休，颠覆了观众的认知：在冠冕堂皇的说辞下，双方进行的是一场无聊而虚妄的战争；在浪漫爱情的掩饰下，上演的是背叛和不忠；就连英雄捍卫荣誉之战，也是个人意气的结果。凡此种种，给观众带来了娱乐，也传达了对战争、对爱情、对美、对浪漫、对英雄的解构与嘲讽，完全颠覆了人们的固有印象。莎士比亚展示一切，又嘲笑一切。

---

① 莎士比亚. 特洛伊罗斯与克瑞西达. 刁克利，译. 北京：外语教学与研究出版社，2015：55-56.

　　莎士比亚以西方早期历史上最著名的一场战争作为戏剧背景，让伟大的英雄、多情的王子、最美的女人和极善逢场作戏的女人出现在同一个舞台上，这些本身就是激动人心的题材。莎士比亚巧妙地利用了这些素材，为观众展示出与荷马史诗和乔叟叙事诗所抒写的完全不一样的战争、不一样的英雄和不一样的爱情。

　　与丰富的主题和人物相对应的，是这部戏剧丰富多变的语言风格。深刻睿智的哲思，高谈阔论的演讲，诙谐幽默的说辞，肮脏污秽的谩骂，粗俗不堪的比喻——不同的语言风格纷纷呈现于舞台之上，仿佛一场语言的盛宴与狂欢。

　　莎士比亚借前人之作，将旧事叙出新意，可说是扭转了文学经典的方向。他通过两位王子、两位女性、两种关系、两对对手，以及专门设计的两个小人物的对立并置，解构了传统主题，完成了对史诗诗人荷马和"英国诗歌之父"乔叟的挑战和致敬，写出了鲜明的个人风格。

把人物推向绝境

探测人性在极限状态下的反应

莎士比亚的创作生涯有明显的分期，不同时期的戏剧类型也各有侧重。早期创作以喜剧、历史剧为主，带有学习和模仿的痕迹。中后期的创作以悲剧和传奇剧为主，主题鲜明，技艺完善，在情节突转之间，向人物内心开掘，写人性脆弱，道人间悲情，示大苦难之后的觉醒和彻悟。这个时期的四大悲剧《哈姆莱特》《奥瑟罗》《麦克白》和《李尔王》是他的代表作，都具有这种意图和特征。

在绝境中开始思考

莎士比亚悲剧的主要特征是：把人物推向绝境，让他们陷入愤怒、嘲讽、诅咒、疯癫等极端情绪中，以探测极限状态下的人性反应。他的悲剧人物如哈姆莱特、奥瑟罗、麦克白、李尔王和泰门等，都是在没有退路的情况下，表现出不同的疯癫状态，在绝境中开始思考，通过反思与自省，提出问题，探及人性的极限。

莎士比亚创作生涯的悲剧时期开始于《哈姆莱特》。这本来是一个丹麦王子向杀父娶母的叔叔复仇的故事，莎士比亚却让王子在复仇的过程中，为了探明真相、寻觅时机，不断质疑求证，权衡利弊，思考生命的价值和死亡的困惑，重建对世界的认识，重构与周围人的关系。正是哈姆莱特的质疑与探寻，建立了普通人与这位王子之间的联系和共鸣，使哈姆莱特成为人人的哈姆莱特。他的复仇不再是个案和特例，而成为对人类普遍存在状态和真相的追问。由此，莎士比亚把传统的复仇故事写成了心理剧、探索剧、思想剧，从整体上提高了戏剧的层次和品位。正是哈姆莱特的思考过程，使这部剧迈入伟大文学作品的行列。

这部剧是莎士比亚写作上的转变，即从外在行动的描写转向人物内心的反省。这一转变几乎在后面的几部重要作品里都有体现：《奥瑟罗》关注嫉妒与信任，《麦克白》揭示了野心、欲望与恐惧的复杂联系，《李尔王》思考老年与权力、掌控与放弃的主题，《雅典的泰门》想要展示财富对人的腐蚀和影响。

《奥瑟罗》：嫉妒与信任

《奥瑟罗》的故事发生在威尼斯和塞浦路斯。主人公奥瑟罗是一位摩尔族将军，因为战功显赫而受到嘉奖。贵族元老院的元老勃拉班修的女儿苔丝狄蒙娜爱上了奥瑟罗。两人在年龄、种族、身世上有着天壤之别，但是爱战胜了一切，爱又一直经受着考验。

第一次考验出现在议事厅中。当着公爵和元老们的面，勃拉班修对奥瑟罗发出了严厉指责。他指控摩尔人欺骗了他的女儿，摩尔人奥瑟罗则为自己的人品也为自己的爱辩护。他的辩护很成功。由于边防战事吃紧，他获准带新婚妻子出征。面对公开的敌意和偏见，他靠自己的功绩和雄辩保护了妻子对他的爱。

第二次考验不易觉察。这次对爱的怀疑来自奥瑟罗的属下伊阿古别有用心的挑拨。事情的缘起是苔丝狄蒙娜丢失了一块手帕，这引起了奥瑟罗的怀疑。那是奥瑟罗送给她的爱的信物，苔丝狄蒙娜当时说，她要用性命保护这信物。伊阿古却利用丢失的手帕激起了奥瑟罗的嫉妒，让他相信，心爱的妻子已经移情别恋。盛怒之下，奥瑟罗杀死了苔丝狄蒙娜。真相大白之后，他也羞愧自尽。

勇猛的将军死在嫉妒的烈焰中，死在自己的利刃下。这是一种讽刺和隐喻。莎士比亚通过这样的故事，描写了嫉妒由发端到产生悲剧后果的完整过程，揭示了嫉妒如何悄然影响一个人的判断力，又一步步发生作用，直至毁灭了鲜活的生命。嫉妒乃人性的弱点。坏人阴谋得逞，无辜者死于非命，施暴者毁于内心的不信任，这让每一位观众感到心痛。

这部戏是关于爱、关于信任、关于嫉妒、关于人性弱点和人性之恶的展示，是关于负面心理情绪的研究和警示。如果爱需要不断地被辩护和证明，这种情形会令人担忧。相爱的人如何保持始终如一的信任，这是一个关于爱的命题，也是关于人的品质的思量。

《麦克白》：欲望与恐惧

如果说《奥瑟罗》是对嫉妒的研究，那么《麦克白》就是莎士比亚对欲望与野心以及恐惧心理的探索。

《麦克白》讲述了一个古老的宫廷故事。麦克白将军本来战功卓著，深受国王信任，但因为受到女巫预言的蛊惑和妻子的刺激，他弑君篡位，此后陷入无边的恐惧之中，直到被对手击败，所追求的一切都化为徒劳。他自己感慨：

人生不过是一个行走的影子，一个舞台上指手画脚的拙劣的
伶人，登场片刻，就在无声无臭中悄然退下；它是一个愚人所讲
的故事，充满了喧哗与骚动，却找不到一点意义。①

表面上，这是一个被预言害了性命的悲剧。实质上，此为莎士比
亚对人性是否可靠的探底之作。《麦克白》中，莎士比亚展示了麦克
白弑君的复杂动机：是因为受到了女巫的蛊惑，还是妻子的怂恿，抑
或是他自己本来的欲望和野心，又或是犹豫不决中的疯狂？

这部戏不仅描写了不可名状的欲望和野心，更揭示了靠不正当手
段实现欲望之后的恐怖后果。麦克白杀人后接连出现幻影幻象，还将
幻影误认为是真实的，虚实难辨，真假不分，这让他惊恐万状，寝食
难安。不少细节描写令人惊悚，比如神秘的敲门声、手上总也洗不净
的血、失去了睡眠的梦游等。这些细节显示了不义行动所带来的负面
影响，把人物头脑中的幻象和恐惧生动地表现在舞台上。所以，这既
是一部关于野心和欲望的历史剧，也是一部关于恐惧效果的心理剧。

《李尔王》：疯癫与清醒

《李尔王》关注的是权力交接、老年人的赡养与利益保障。人到
老年，如何在子女之间分配财产，如何保障自己晚年的生活，这是人
人迟早都会遇到的问题。如果这位老人是位国王，问题的重要性会放
大无数倍。因为这关系到国土的完整和百姓的福祉，甚至还关乎国家
与国家之间的和平或战争。但是，李尔王的做法近乎儿戏，他根据子

---

① 莎士比亚. 莎士比亚全集：Ⅷ. 朱生豪，译. 北京：人民文学出版社，2014：
380-381.

女对他的奉承来决定国土分配。他本来打算三分国土，却因为天性温良、诚实的小女儿考狄利娅没有说出他想听的奉承话，当场剥夺了她的继承权。结果，满口好话却心存奸诈的大女儿高纳里尔、二女儿里根平分国土，小女儿则远嫁法国。李尔王打算轮流居住在两个女儿家，却被她们相继赶出家门。他受尽折磨，几近崩溃。带兵前来救助的小女儿则战败被俘，最后死在李尔王的怀抱里。

《李尔王》是一部大悲剧。李尔王于流离失所中，终于认清了周围人的真实面目，看透了虚假的人性。老李尔在旷野中发疯，对着雷雨闪电怒吼，发出了强烈的诅咒：

> 你，思想一样迅速的硫磺的电火，劈碎橡树的巨雷的先驱，烧焦了我的白色的头颅吧！你，震撼一切的霹雳啊，把这生殖繁密的、饱满的地球击平了吧！打碎造物的模型，不要让一颗忘恩负义的人类的种子遗留在世上！①

一个孤苦伶仃的老人在暴风雨中向苍天呼号，这应该是莎士比亚戏剧中最让人揪心的场景之一。更让人难过的是，怀抱小女儿尸体的李尔王虽然肝肠寸断，其痛苦却难以言表——女儿之死是因为他昏聩、任性、刚愎自用。莎士比亚的悲剧很彻底，他敢于把人物推入绝境，深度挖掘不能自已的悲情，把痛苦写到极致。

引发观众共鸣的并不是国王的退位，因为这样的退位对于很多人来说没有实际意义和切身感受。观众更关心一个老人与子女之间的关

---

① 莎士比亚. 莎士比亚全集：Ⅶ. 朱生豪，译. 北京：人民文学出版社，2014：184.

系。李尔王退位后，看清了大女儿和二女儿的诡计和狡诈，认识到小女儿的真情，也明白了虽遭放逐却隐姓埋名追随他的肯特伯爵的忠诚。他终于幡然悔悟。由此，这部戏剧出现了意味深长的反转：越来越老的李尔开始了生命的觉醒与成长，他开始认清现实，理解穷人的可怜处境，领略到世间的真情。

李尔王经历了从昏聩到反省的过程，他在旷野的流浪和疯癫状态之中完成了人性的觉悟。然而，他虽洞悉人性丑陋，却已无法做出改变；虽觉察命运残酷，却毫无反转之力；虽了然事件真相，却已到穷途末路。一切都为时已晚，他并没有扭转乾坤的机会。这种清醒的痛苦使他发出了对上天的质问，提出了他无法面对也无以回答的难题。他把这个难题留给了观众。

《李尔王》是一部问题剧，它提出了像哈姆莱特一样震古烁今的大问题。哈姆莱特是青年的提问者，他提出的是生死抉择的问题。李尔王是老年的提问者，他的问题是：一个人如何有尊严地老去，如何维持最后的体面？哈姆莱特的忧郁和迟疑不决既是他对问题的思考过程，也是他的回答方式。李尔王退位之后的醒悟是一种延迟的成长，他经历了一种被动乃至被迫的成长，以及遭到命运驱使之后不得已的醒悟。

莎士比亚悲剧中的这些人物都具有自省和反思性，正是他们对自身的反省和对问题的提出让观众产生共鸣，激起观众的情感和思想投入，从而让观众一起思考，受到感召，并获得情感的宣泄、共鸣、净化与升华。所以，这些悲剧都可以称为问题剧，它们以心灵拷问、内心独白和人物的自我探索为主要特色，这构成了这些伟大剧作的重要品质。

文学描写人的可能性。作家塑造处于极限中的人物，探测思想和人性的边界。这是一流文学作品的标尺。这也说明了为什么文学作品中的人物不能待在人生的舒适区，平庸的生活、寻常的行为产生不了伟大的文学。文学调适、探寻人的万般行为以及诸种可能——尤其身临绝境时、处于窘迫中。

对于读者来说，一千个人眼中有一千个哈姆莱特，意思是经典名著可以有多重解读。对于作家而言，一千个人心里也有一千个莎士比亚，每位作家都能够从莎士比亚的写作中得到有益的启发。

第四章 　华兹华斯与弗罗斯特：诗人与自然

整个世界展现在我眼前，我环顾着，心灵并未因为自由而惊慌，而是充满欣喜。

——华兹华斯：《序曲，或一位诗人心灵的成长》

诗歌的真义是，从第一句开始就有一个符合逻辑的开头，而且会在某处收尾。它有其自身的完整构造。

——弗罗斯特：《罗伯特·弗罗斯特校园谈话录》

威廉·华兹华斯（William Wordsworth，1770—1850），英国浪漫主义诗人。代表诗篇有《丁登寺》《我孤独地漫游，如一朵云》《孤独的割麦女》等，以及长诗《序曲》《漫游》等。1843 年被封为"桂冠诗人"。

罗伯特·弗罗斯特（Robert Frost，1874—1963），20 世纪最受欢迎的美国诗人之一。曾获四次普利策奖及众多其他奖项，出版《少年心愿》《山间低地》《新罕布什尔》《见证树》等诗集。

如果说荷马定义了文学的时间、但丁重塑了文学的空间、莎士比亚探测了人性并展示了语言的魅力，那么可以说，华兹华斯重新发现了自然，体验了工业革命背景下人与自然的新关系，找到了描写自然的新方法。弗罗斯特则延续了人与自然的亲密联系，在乡间农场写出了对现代生活充满启示的诗篇。

　　人面对自然，可以外观其形，也可以内化于心。对于华兹华斯，自然是保姆、导师和心灵的护卫，是哺育道德的灵魂。大多数诗人和作家选择在异乡写作，而华兹华斯则是离开故乡又回归，并终老于自己喜爱的湖区。诗人从身边的日常生活中寻找灵感，守卫自己的灵感之源。弗罗斯特也走过同样的道路，他从伦敦回到美国新英格兰的家乡继续写作。诗人离开与回归家乡，这种现象意味深长。

诗人与湖区的相互成就

湖区哺育诗人，诗人赋予湖区人文情怀与诗意

相对于荷马、但丁和莎士比亚这样的经典作家，华兹华斯更贴近现代人的生活。他长期居住在英国湖区，喜欢远足和野餐、在山地攀缘、在湖畔漫步。大自然也慷慨地回报诗人，向他袒露心声，倾诉秘密。山峰耸立千万年，树木花丛摇曳万千载，等一个诗人来。他和自然相互对视，两情相悦。他们对话，他们问答。

华兹华斯爱大自然，更关注普通人的日常生活。他愿意与路上遇到的任何人攀谈，问询并关注他们的状况。他擅长描写自然风物和普通人的形象，诗歌语言质朴，格调清新。他赋予自然景物以人格，也写出了工业革命逼近自然的大背景下普通人的悲苦与坚韧。

诗人论诗

英国浪漫主义诗人主要生活在 18 世纪末到 19 世纪初，他们面对的世界一点也不浪漫，并不知道自己会被后来人称为浪漫主义诗人。在他们诗情萌动的时期，古典主义依然占据统治地位，要求诗歌遵循古典原则，客观、理性、合乎法度、严守格律，排斥主观、直觉和个性化。与此同时，外面的世界却正在天翻地覆：工业革命和圈地运动改变了城乡面貌和传统的生活方式，大批农民失去土地，无家可归者陡然增多。机器化工厂生产使小作坊经济破产，城市人口不断聚集，蒸汽机、火车等的出现加快了社会节奏。法国大革命的爆发让青年诗人激动不已。自由、平等、追求个性的呼声此起彼伏。

文学的状况令人失望。报纸的普及和流行源源不断地提供四面八方的消息，人们不再满足于日常生活的平淡乏味，而是求新求异。此时的文学作品追求强烈刺激，小说和戏剧多狂妄、病态、愚蠢之作，叙事诗无聊而放肆，思想和语言平庸拙劣、华而不实，严重脱离实际生活。文学要求变革。

华兹华斯率先进行诗歌实验，并做出理论阐发。他的诗学思想主要体现在《〈抒情歌谣集〉序》（1802）当中。《抒情歌谣集》是他和另一位大诗人柯尔律治的合集，收录了柯尔律治的五首诗，其余都是华兹华斯的诗作。华兹华斯采用朴实无华的语言写身边日常事，这和当时的文学潮流是相悖的。

他提倡诗歌要写日常所见，诗人要向自然学习。诗歌应该从日常生活中选取事件和场景，选择人们实际运用的语言，通过诗人的想象，让寻常事物呈现出不寻常的样貌，写出新鲜感，真实地探索人的天性，让读者愉悦并受到教益。他这样定义何为好诗："一切好诗都是强烈情感的自然流露，它起源于心平气和时回忆的情绪。"[1] 也就是说，诗人要有异乎寻常的感官能力，对日常所见怀有强烈的感受，并养成静思回味的习惯，使情感之流受思想支配，心理、情感、思想

---

[1] 华兹华斯.《抒情歌谣集》序言//章安祺.缪灵珠美学译文集：第三卷.北京：中国人民大学出版社，1990：19.《〈抒情歌谣集〉序》又译为《〈抒情歌谣集〉序言》。

交汇融通。这是诗情、诗思的养成。诗人的强烈感情，经过长久的沉淀，经过宁静中的过滤、沉思、反观与内省，待心有所悟、情有所动，再外化为诗。这个好诗的定义是诗人的经验之谈，华兹华斯相信，经过这样长期的训练，会让诗自然而然地生长出一种令人心向善的道德教益。他把诗人的角色概括为：

> 诗人者，是一个对众人说话的人，不错，他是一个天生具有更强烈感受力、更多热情和更多慈蔼的人，他对于人性有着更多的知识，而又具有比我们一位人类所共有的心情更为渊博的心灵；他热爱自己的激情和意志，他比任何人还要喜爱自己内心的精神生活；他又喜欢默察宇宙运行中所表现的类似的激情和意志，如果找不到这些，习惯就驱使他去创造。①

《〈抒情歌谣集〉序》被认为是英国浪漫主义的宣言，对英国诗歌发展产生了深远影响。华兹华斯的创作实践则意味着诗风的改变，一种新的文学思潮和创作理念正在诞生。英国诗歌由此完成了从古典主义到浪漫主义的过渡。

英国浪漫主义发生在圈地运动、工业革命、法国大革命、科学主义方兴未艾的历史背景下，此时的诗人须阐明诗歌与社会的关系、诗歌的特殊领地、诗人的角色和作用。华兹华斯的理论探讨，一是阐发了自己对当时社会文学状况的看法，二是解释了自己的文学创作，三是表达了自己的文学理想，描摹了理想的诗人诗作样貌。华兹华斯树

---

① 华兹华斯．《抒情歌谣集》序言//章安祺．缪灵珠美学译文集：第三卷．北京：中国人民大学出版社，1990：11.

立了典范，其他几位主要的浪漫主义诗人如柯尔律治、雪莱、济慈也都在创作的同时阐发了自己的诗论。柯尔律治的诗论体现在他的《文学生涯》中，雪莱写下了著名的《为诗一辩》，济慈的书信中也包含了丰富的诗学主张。

湖区哺育诗情

华兹华斯的诗歌创作和诗学思想的形成与其生活经历和个人性格密不可分，长期在与湖区、与乡村生活的水乳交融中观察、体验和积累，令他获益良多。

很多青年人长大后奔向外面的世界，华兹华斯也不例外。他曾入剑桥大学求学，到伦敦体验人生，游历法国巴黎挥洒激情，去往德国汉堡陷入哲学迷思。他一次次外出远游，又一次次返回山间，因为这里的自然美景既是羁绊，也是牵挂，既是诗人的人生之锚，也是寄寓了诗情诗才的港湾。

华兹华斯生长于英国湖区，从小就对自然之美有切身体验。诗人的出生地考克茅斯位于德文河和考克河的交汇处。这里湖光山色交相辉映，孕育了诗人早期的诗情。他9岁时就读于霍克斯海德镇的文法学校，周围有连绵蔓延的山谷和湖畔，让他和小伙伴们尽情探索、畅想。学校风气开明自由，教师博学多识，有助于孩子们快乐地成长。

成年后定居湖区的华兹华斯有亲人的支持和陪伴。他生活在一个大家庭，年少时父母相继离世，他与弟弟妹妹寄居在不同的亲戚家。长大后，他外出求学并到欧洲游历，后返回湖区，和亲人再次聚首。也许痛感于童年时的分离之苦，他们彼此挂念，关系亲密。妹妹多萝西终身未婚，一直陪伴哥哥。他们一起读书、漫步、旅行、招待朋友。多萝西才情很高，写了八本纪实散文，详细地记录了他们的日常生活和文学创作。妻子玛丽·哈钦森是华兹华斯的青梅竹马和一生挚爱，他们婚后育有五个孩子。妻子的妹妹萨拉也和他们居住在一起，帮助照料家务，抚养孩子，以及替诗人誉写诗稿。

华兹华斯从来不缺朋友，他与同时代作家交往甚广。柯尔律治、德·昆西、威廉·赫兹里特、罗伯特·骚塞、查尔斯·兰姆、沃尔特·司各特等，都是他的知交。他们相互拜访、畅谈，赠书致意。

华兹华斯喜欢独处，也喜欢漫游，习惯于在自然中徜徉驻足，静默沉思。他家里备有一个可供随时出门之用的旅行箱——他一生都在做着围绕湖区的出发和归来的旅行，每次出行后总是回到湖区的家中。

湖区既是华兹华斯的居住之地，也是他的灵感之源。诗人对自然和对诗歌的热爱并行而生。湖区哺育了他的诗情，他用诗情画意描绘了他的湖区。自然影响着诗人，诗人对自然的观察和思考形成了他的诗歌品质。

诗人也在反哺自然。华兹华斯热爱湖区美丽的自然风光，希望分享家乡的湖光山色，告诉人们如何保护自然的赠予。为了保护湖区，诗人做过切实的贡献。他专门为湖区写过旅游指南，倡议用国家公园的形式保护景观，抵制让火车驶入湖区和进行过度的旅游开发，以免形成对自然的入侵。现在的英国湖区作为著名旅游胜地，吸引人的不仅有让人流连忘返的美景，也有诗人描写湖区的动人诗篇。

华兹华斯与湖区可谓相互成就。在工业革命的背景下，诗人发现并保留了自然的诗意，用诗意美化并升华了自然，让湖区从天然的景观变为人文的、诗意的栖居地。

《丁登寺》：诗人心灵的成长

《丁登寺》全名为《作于丁登寺几英里之上的诗行，记旅行中重访怀河两岸，一七九八年七月十三日》，被华兹华斯放在《抒情歌谣集》的最后，作为这部有深远影响的诗集的压卷之作。

丁登寺是位于威尔士怀河河谷中的一处古迹。华兹华斯在 23 岁的时候曾独自徒步，首次访问怀河河谷和丁登寺遗迹。28 岁时，他和妹妹多萝西一起再访丁登寺。两次访问时隔五年，他以所见所感写成这首诗。故地重游，眼前景物与储存在记忆中的五年前的心灵图景形成对比，相同的景色，不同的感受，物是、人是、心境非，这种差异触动诗人的心绪，激发诗人的情感，也让诗人陷入沉思。

根据华兹华斯自述，他在离开丁登寺时开始创作，四五天后完成于他和妹妹漫步的傍晚时分。写完后没有修改一行，整个创作过程十分愉快。先实地访问，后于头脑中孕育、构思、完成，最后再写下来——这符合他的"强烈情感经过宁静的沉淀，再自然浮现"的诗歌创作经验。

这是一首"看"出来的诗，寻声入景，由远望到近观，再展开联想。诗篇开始，诗人先表达了故地重游的欣喜，然后由远及近，按照抵达现场的顺序描写景物。先听见山泉流动，后见映入眼帘的危崖陡壁，再眺望村舍农田、果园树丛，又观看苔痕碧绿、草色盈门，以及寂静树林中的青烟，由此想到森林中的漫游者或山洞里的隐士。诗人先后用了"望""观""用心灵之眼想象"等一系列"看"的近义词，传达观察自然的距离感。随后由视觉转向内心，用心眼看风景，反映外部景色给自己带来的内心变化。诗人对比了过去和现在的自己，领悟到自然给自己带来的改变。诗中写道：

> 一种无形的存在，以庄严肃穆的
>
> 欢欣搅动我心；一种崇高感，
>
> 源自某种弥漫深远的事物，
>
> 寓于落日的辉光，浩瀚的
>
> 海洋，鲜活的空气，广阔的
>
> 天宇，也寓于人的心灵。
>
> 一种动力，一种精神，推动着
>
> 一切能思和所思之物，并在
>
> 万物之中涌动。因此，我依然
>
> ……庆幸能在自然
>
> 与感官的语言中认出我纯粹
>
> 思想的港湾，我心灵的乳母，
>
> 向导和守护者，以及我全部
>
> 精神生命的灵魂。①

　　看与听交融，外视与内省合一，诗人的心灵柔美而宏大，纯洁又平静，高尚且快乐。在这种美好而亲切的感受中，自然之景物和诗人

---

① 吉尔·威廉·华兹华斯传.朱玉，译.桂林：广西师范大学出版社，2020：229-230.

之心灵深刻地融为一体。景物作用于人心，思想贯穿景物。自然被赋予人格，人格也得到了自然的驯化和滋养。

华兹华斯的这首诗描绘了他向自然学习的过程，展示了他如何与自然融会贯通、形成感应，他的心灵也因而不断成长。"丁登寺和怀河都不是这首诗的主题。诗人自己才是。"① 自然对人的启迪之所以发挥作用，是因为诗人向外看自然与向内自省的结合。自然慷慨地赐予诗人礼物，诗人则善于学习和聆听，这才使自然人格化，使其内化为心灵的力量。

---

① 吉尔．威廉·华兹华斯传．朱玉，译．桂林：广西师范大学出版社，2020：277.

自然中的诗人

诗人是漫游者、凝视者、聆听者和言说者

华兹华斯提倡诗歌采用日常语言，写平时所见，展开联想，带来新奇效果，实现寓意的升华和道德的教化。他的写作主要基于个人经验。他喜欢在漫步中遐思，善于调动多重感官，记述与路人、与景物的相遇和答问，描写经历之后的沉淀和冥想。徜徉于天地之间，领悟人与自然之道，描写自然，突破具象，将自然人格化；同时向自然学习，突破自我，将诗人崇高化。这就是他的写诗方法，也是他的生活方式。

如果用几个词刻画华兹华斯的个人形象，那就是：独立自省的漫游者、专注的凝视者、用心的聆听者、传递教化的言说者。

诗人是漫游者

华兹华斯的诗多产生于远足和漫游中，写他在游历中的见闻与感悟。他的长诗如《序曲》《漫游》及大量的短诗，都是诗人独自漫游中的思想结晶。

他所居住的湖区属于乡村。一方面，这里自然风光美丽无限；另一方面，乡村生活悲苦无边。所谓传统的田园诗，对乡村生活做了浪漫的美化。在传统的农业社会中，乡村生活意味着辛苦的田野劳作。

一美一苦，华兹华斯将其合二为一，他笔下的乡村既有田园美景、秀丽湖光，也有破产的农户、流浪的乞丐。他二者都写，感伤而不哀痛，并做出力所能及的善行，以美德抵抗贫困，用坚韧应对现实。

《水手的母亲》描写冬季一个阴湿的大雾天早晨，诗人在路上遇见一位妇女，带了一只会唱歌的鸟。她长途跋涉到丹麦，取回鸟和鸟笼，这是她儿子航海死后留下的遗物。他这样写这位母亲：

> 她并未老迈，虽已过盛年，
>
> 相貌庄重，身材高挑而笔直，
>
> 有着罗马夫人一般的步态和气质。
>
> 古代遗风并没有云散烟消，
>
> 我想，古代在她的身上重生。
>
> 我为自己的国家感到骄傲，
>
> 它培养了这样的刚强和庄重。[①]

他为这位坚强的母亲塑像，也为培养了这样品质的国家自豪。

在《决心与自立》这首诗中，诗人在路上遇到一位老人佝偻着身形，试图在水池里捕捉水蛭。这种事情危险又令人疲惫。孤独荒凉的环境中，风烛残年的老人不得不为生活奔忙，这是诗人所见的景象。而老人回答诗人问话时，感到喜悦与意外，并且眼睛中闪出一种光彩。他语气愉快，神色安然：

> 那老人继续说着，就在我身边；

---

① 华兹华斯. 华兹华斯叙事诗选. 秦立彦，译. 北京：人民文学出版社，2018：299.

> 但于我，他的话如同隐隐的溪声，
>
> 我无法把他的词语一一分辨，
>
> 就仿佛这位老人的整个身形，
>
> 就像我在梦中遇到过的某个人，
>
> 仿佛一个来自远方的使者，
>
> 被派来给予我人的力量，郑重的训诫。①

诗人钦佩老人。从老人身上，他学到了坚毅、决心和自立自强。

华兹华斯的这类诗歌是向生活学习，领悟周围人的启示，怀抱着一种"三人行，必有我师焉"的态度。另一位著名的浪漫主义诗人雪莱写《西风颂》也是遵循这样的思路。他在诗中着意刻画西风的力量，并愿意随风而起，借风之力，御风而行，成为号角，化为预言，唤醒沉睡的大地，传达春天的信息。他们向众生学习，向自然借力。

漫游让华兹华斯遇见美好的景色，也看到人间的疾苦。他在漫游中经常会遇到四处飘零的乞丐，丧失土地的流浪者，无家可归、无所依靠的伤兵，还有孤儿、寡妇、离家出走碰运气的青年、孩子夭亡的父母，以及遇人不淑、上当受骗、遭到遗弃的女子，等等。华兹华斯同情他们的遭遇，描摹记录他们的不幸，替他们呼号发声，并竭尽所能对他们提供帮助。

华兹华斯在湖区徜徉流连，遇到各种各样的人，看到各种各样的景物。他能够健康地活到当时罕见的 80 岁高龄，这种漫游的生活方

---

① 华兹华斯. 我孤独地漫游，如一朵云：华兹华斯抒情诗选. 秦立彦，译. 北京：人民文学出版社，2021：130.

式让他获益匪浅。在他的两处故居的花园里,都有一条长期散步留下的小径。现如今,湖区旅游的一个很有意义的方式就是依照华兹华斯的诗歌,重走诗人走过的路。

诗人是凝视者

华兹华斯的很多诗是"看"出来的,是观者的艺术。他的看是凝视、观察与冥想,是内心声音的酝酿、沉淀与聚集。他善于用文字再现他所看到的画面、人物和事件,把内心聚集的沉思转换成可视的、落笔成行的文字。我们读华兹华斯的诗会觉得极具画面感,原因就在这里。

前文提到的《丁登寺》就是一首看的诗篇,诗中的诗人可称作自然的凝视者。《我孤独地漫游,如一朵云》同样是一首诗人作为凝视者的佳作。这首诗写于 1804 年,如今成为华兹华斯最负盛名、最具特色的诗篇。这个标题借用了诗的第一句,有的中文译名按照诗的内容意译为《咏水仙》。诗的灵感来自华兹华斯和妹妹多萝西一起外出漫步时的亲眼所见,他发现湖边长有一丛丛令人心旷神怡的水仙,这种美好的记忆留驻在了他的心间。

这首诗很短,只有四节,前三节写景,最后一节抒情。诗人在开篇说明自己开始独自漫游时的落寞心情,然后看到一大片金灿灿的水仙,在湖光的映衬下,于阵阵微风里摇曳跳跃。于是,诗人展开丰富的联想,顿觉身边的水仙多如繁星,灿若银河,连绵不绝,轻盈舞蹈。接着,诗人描绘了粼粼波光与灿然水仙翩然共舞、交相辉映的动人景象。面对如此美景,诗人满怀欢欣又思绪迷离。水仙似有意,诗人却无解：

> 它们旁边的水波也舞动，
>
> 但它们比激滟的水波更欣喜；
>
> 一个诗人怎能不感到高兴，
>
> 当他身边有这样欢乐的伴侣。
>
> 我凝视，凝视，但不曾想到，
>
> 这情景带给我多少珍宝。①

归家以后的一段时间里，诗人多次独自横卧长榻，于茫然若失或心事重重中，那一望无际、金光灿烂的水仙于碧波荡漾的湖边迎风舞蹈的情形浮现眼前，水仙的舞蹈展现出的令人振奋的力量，给诗人带来精神慰藉，即使在孤寂中亦感狂喜。于是，诗人的心情也随着水仙的舞蹈而欢快地荡漾。

美丽的水仙在当时给诗人美的感受和畅想，在以后孤寂的日子里又带给诗人安慰和欢乐。只要用心领悟，大自然就能够抚慰人的心灵。诗人通过自己的亲身体会和敏锐感受，传达了自然与人类息息相关的联系。

华兹华斯曾说，诗歌应该描写"心平气和时回忆的情绪"。华兹华斯的凝视是一种沉淀和宁静中的回忆，这种凝视很多时候是往后看，回望过去，回望经历过的事件和见过的人物，再展开联想，将当下与回忆连接。

---

① 华兹华斯. 我孤独地漫游，如一朵云：华兹华斯抒情诗选. 秦立彦，译. 北京：人民文学出版社，2021：191.

诗人是聆听者

华兹华斯喜欢谛听自然的天籁之音，欣赏歌声之美，也愿意倾听人们诉说世事的苦难和忧伤。在《孤独的割麦女》中，第一节这样描写一位苏格兰高地的少女：

> 你看她，一个人在田野中，
>
> 远处那独自的高地少女，
>
> 一边割禾一边歌唱，一个人；
>
> 请驻足，或放轻脚步！
>
> 她独自收割捆束着田禾，
>
> 同时唱着一支忧伤的歌；
>
> 啊，你听！因为那声响，
>
> 充满这深谷，向谷外荡漾。①

随后的第二节说明她的歌声之美，令人陶醉，比夜莺的音调更迷人，比杜鹃鸟的鸣叫更动听。第三节写诗人对歌声内容的猜想，也许割麦女在追忆古老的战争，也许她在诉说日常的忧伤。诗人听不懂歌曲确切的意思，也无意弄清其歌唱的背景，但是通过对歌声从古至今的想象，从时间上说明了歌声之丰富、之深邃，以及跨越时间绵延无尽之恒常。最后一节写歌声对于诗人的影响和效果，即使时过多日，依然余音绕耳，充盈诗人内心，令人久久不能忘怀。华兹华斯并没有

---

① 华兹华斯 . 我孤独地漫游，如一朵云：华兹华斯抒情诗选 . 秦立彦，译 . 北京：人民文学出版社，2021：191.

像《我孤独地漫游，如一朵云》那样明确说明歌声对于自己的寓意和慰藉，只是表示歌声之悠长难忘。

从阅读的角度讲，这是一首审美的诗、愉悦的诗，表现了割麦女之欢快，以及诗人发现歌声美妙之沉醉、欣赏聆听之快慰。诗人在聆听美的歌声中传递美的熏陶和美的教育，通过想象激发美感，陶冶性情，使人不知不觉中得到放松、抚慰和超拔，进入物我两忘的境界。此即华兹华斯所谓诗歌的意义和目的之所在。

从创作的角度看，这首诗塑造了两种角色，展示了作品的构思和产生过程。一是割麦女。她作为诗人描写的、观察的对象，是诗歌的显性的主人公，诗中写了她的孤独、劳作和歌声。二是诗人。诗人是观察者、聆听者、歌声的欣赏者，也是歌声之美的传递者。诗人听割麦女在孤独中独自歌唱，这歌声响彻云霄，充盈山谷，为诗人所闻，从而激发诗人的灵感，让诗人展开想象的翅膀，调动视觉、听觉，打开心灵之眼，描写、感受、联想、品察、回味，将动态的歌声和割麦女形象定格为画面，让歌声萦绕流动，动静结合，将瞬间感受到的美凝固，化为诗行。这就是诗思的运行。

诗人是言说者

《〈抒情歌谣集〉序》中，华兹华斯把诗人的角色概括为"一个对众人说话的人"。从诗的艺术表现手法和效果来看，其实，诗歌中的人物也可以是对众人说话的人，因为他的声音能够被读者听到。所以，说话者可以是诗人自己，诗人也可以借诗歌中的人物之口言说。诗人通过与人物的交谈、人物的独白以及人物对诗人的回应，传递一种对众人说话的姿态。从而，诗人对人物说话，人物对读者即众人说话，他们一起完成诗的叙事与言说。

《水手的母亲》中的女人表现了自古以来的英雄底蕴和刚强品质。《决心与自立》中老人的答话中透出的乐观与坚毅精神，可以看作诗人和老人共同完成的言说。《我孤独地漫游，如一朵云》中的水仙，作为诗人孤独中的慰藉，完全是拟人化的想象和将自然人格化的言说。《孤独的割麦女》的歌声本身就是一种美的言说。

华兹华斯兼备漫游者、凝视者、聆听者和言说者四种角色。他在漫游中看见、听见，也言说自己的情思和感悟。在很多诗篇中，诗人是四位一体的。他将自然人格化，将景物象征化，将诗的寓意升华。

乡村景物，当代情怀

坚守灵感之源，传递意趣与智慧

诗人从自然中汲取力量，同时赋予自然丰富的寓意。美国当代诗人弗罗斯特做出了和华兹华斯几乎同样的人生选择，他书写了人与自然的联系，探寻自然带给人的启示。

弗罗斯特是美国 20 世纪名声隆盛的诗人，他和华兹华斯一样，从外面的大千世界回到了乡下。他告别让自己成名的英国伦敦，回到了美国的家乡农场，选择坚守自己的创作源泉。

《未走之路》 与诗人的选择

弗罗斯特的《未走之路》是一首短诗。诗人回忆自己林中的一次漫步，描写他来到一个两岔路口，被迫选择其一而舍弃另一。由于不能同时踏上两条路，在伫立良久、极目远眺之后，他做出了自己的选择——"人迹稀少"的那条路。诗人想象："很久很久以后"，他会一边叹息，一边叙说自己当年的选择，因为他"挑选了一条人迹稀少的路行走/从此一切都截然不同"。

这首诗富有魅力，因为它诗风简朴而意蕴深远，能够引发人们深切的共鸣。它的深刻意义在于，作者对选择的必要性及其所带来的截然不同的结果的思考。

弗罗斯特在农场长大且喜做农活，家乡的清新气息培养了他对乡村生活的永久热爱，也孕育和铸就了他的诗风。弗罗斯特从小喜爱读诗、写诗，中学时代就显露诗才。1897 年，他进入哈佛大学学习，两年后因病辍学，遵从医生的嘱咐回乡生活。随后他一边教书、打理农场以维持生计，一边写诗。

弗罗斯特在 20 世纪初的十余年里，生活极其困顿艰辛。他患有家族遗传的肺病，家庭生活也阴云密布。正是在这段内外交困的日子里，弗罗斯特写下了不少名篇，只是当时每每投诗问路，屡屡惨遭回绝。1912 年，年近 40 岁、写诗数十载、尚在默默无闻中的弗罗斯特做出一个大胆的决定：他卖掉已惨淡经营了数十年的农场，倾合家之资，移居英国，准备为撞击诗坛大门做奋力一搏。

在伦敦，他很快找到了出版商，并引起一些大批评家的关注与赞赏，包括正旅居英国的著名诗人庞德。庞德为他的诗集写了评介，甚至还劝说弗罗斯特尝试一些新的笔法与诗体。庞德的赞扬让弗罗斯特更加清醒地认识到自己的价值，以及自己创作的动力源泉。他认识到：离开美国，尤其是养育他的乡间农场及其给予自己的启迪与鼓舞，自己只能是"一个背井离乡的人"①。作为诗人，他将失去属于自己的创作天地和灵感之源。置身于伦敦大都市的喧闹中，他甚至会梦见新英格兰那美妙动人的景色，他领悟到，"那里有一种写诗的冲动"②。

随着第二本诗集的出版，弗罗斯特返回自己的国家。第二年，他的新诗集问世。《未走之路》作为卷首题诗，表明了诗人对自己面临

---

① BROOKS C. American literature：the maker and the making, Vol. Ⅱ. New York：St. Martin's Press, 1973：1856.

② 同①1867.

人生道路的选择时的思考。这首诗写于诗人从伦敦举家返回美国的前夕，当时他在英国得到赞誉，这是他事业的重要转折点。在一片赞誉声中，他却决定重返故园，开辟新天地。

题为"未走之路"，看似怀旧，实则是与过去告别，鞭策自己更专心地走业已选定的道路。我们可以想象一下：如果他留在伦敦会怎样？也许名声更大，也许才思枯竭。无论怎样，时间证明了弗罗斯特返乡的决定是正确的。此后的 20 余年，他出版了一系列使自己稳步迈入经典诗人行列的诗篇。

始于情趣，终于智慧

弗罗斯特有着农民的天性，爱写乡村的平凡人和事。但他不是一般意义上的田园诗人，不像浪漫派诗人那样在乡村大自然中寻找和谐宁静，寻找人与自然的契合。他的乡村和别人的现代城市一样内涵复杂。弗罗斯特是"一个城市化时代的乡村人，一个新文化时代的老古董，却又是一个像'早报'一样跟随潮流的人"[1]。在弗罗斯特的诗中，乡村生活的寻常事物只是其象征性的意象，那近乎传统诗的格律和形式也只能说明他的写作倾向和艺术风格。

所谓的田园诗风，只是弗罗斯特的现代意识的形式和衣裳。他使用大众熟悉的语言，言说新鲜的话题。诗中所提问题一向深刻敏锐、耐人寻味，表达的是他的现代情怀。所以，我们看到弗罗斯特

---

[1] 谢里布曼．序言//弗罗斯特．罗伯特·弗罗斯特校园谈话录．拉什姆，编．董洪川，王庆，译．南京：译林出版社，2015：2.

的诗歌语言通俗易懂，似用日常说话的语气娓娓道来；其内容则含蓄丰富，于平易轻松的言语间传递诗人内在的坚韧与深邃的思想光芒。

言辞平易，语调轻松，节奏分明，格律工整，是他诗歌美学上的追求。弗罗斯特喜欢让现实手法和象征手法相互作用，通过直觉和戏剧性传达诗的情趣和哲理。他优秀的诗篇开头总是带有一种捉摸不定的意味，但随着其描写的细致和深入而越来越清晰明朗。人们能够牢牢记住弗罗斯特诗歌结尾的警句，原因正在于此。

《雪夜林边停》是一首非常美的诗。诗中写"我"雪夜经过树林，不顾夜深风寒，停住小马，静观银妆雪砌的林间。树林的主人不会看见"我"在此驻足。"我"的小马也一团疑惑，怀疑"我"停错了地方。而唯独"我"在一年中最黑暗的夜晚，伫立在树林与冰湖之间，欣赏这既黑又深的可爱林地。这种氛围和意境在弗罗斯特的诗中十分典型：人独自面对神秘荒凉的自然，探索其幽深悠远的无限，叩问自身，隐隐感到不可名状的召唤和无穷丰富的遐思与联想。这是弗罗斯特的诗境之美。在这首诗的结尾处，他写道：

> 这林木可爱，幽暗又深沉，
>
> 可我还有很多承诺要守信，
>
> 安歇前还有很多路程要赶，
>
> 安歇前还有很多路程要赶。①

这里的树林是传统浪漫主义诗人笔下常见的树林，小马是人们旅

---

① 本书作者自译。

途跋涉中常备的坐骑，而"我"却无疑是一个 20 世纪现代的"我"。这样的结尾显然象征人生的责任与无奈。人发现了大自然的感召与魅力，却不能驻足尽情玩赏。生而为人，总有很多的诺言要履行！这其中有悲观的情调，亦有与之抗衡的鲜明个性，更兼对诗意、诗境之美的深刻体验和感悟。观之如画，品之如诗，思之成理。大自然的存在为人提供了反观自身的镜子，既能化境入诗，又能出诗喻人。这才是真正的诗人风范，是现代人的情怀。这是一首既富情趣又含哲理的好诗。

《收集落叶》描写诗人的辛勤劳动。"我"用铁锨铲落叶，费力又笨拙，装满落叶的麻袋鼓得像气球，看似收获甚丰，却又轻若无物。"我"装了卸，卸了又装，直到装满仓库。诗人反问："我"所拥有的又有几多财富呢？不难看出，这也是一个颇为现代的问题。忙忙碌碌的现代人整日劳作，有多少类似收集落叶入库的地方。在寻常农事中，竟提出如此尖锐的问题，这就是诗人的本色。他这样结束诗篇：

> 论分量聊胜于无，
> 由于接触过泥土，
> 一片片逐渐发乌，
> 论颜色聊胜于无。
>
> 论用处聊胜于无，
> 而收获总是收获，
> 又有谁能告诉我，

收获该至于何处。①

诗人明知收获菲薄、聊胜于无，却依然一直欢欣鼓舞地干个不停，这便是幽默与悲悯。这幽默含着隐忍，这悲悯和着坚韧。弗罗斯特就是这样在寻常的劳作中，表述优雅绝妙的话语，演绎深邃的诗理，传递他对现世的关怀。这种只重耕耘劳作不问成果收获的行为，也成了他的一种人生哲学。

《一只小鸟》和《冰与火》是弗罗斯特两首篇幅极短、用词极简的小诗，却都耐人寻味。《一只小鸟》篇幅短小，韵脚简单，用词浅显，意蕴深远。诗中描写了一幅日常图景：一只小鸟落在"我"的屋旁，整日不停地鸣唱，"我"却巴不得"他"早点飞走。于是，"我"似乎忍无可忍时，就从门口冲着"他"拍手：

> 我希望那鸟儿应该飞走，
>
> 别整天在我房前屋后唱个不休；
>
> 我从门口对他拍手，
>
> 好像再也不能忍受。
>
> 过错肯定一半在我，
>
> 不能怪罪那鸟儿的歌调；
>
> 当然肯定有些不对劲儿，
>
> 想要禁止任何歌唱。②

---

① 弗罗斯特. 弗罗斯特诗选. 江枫，译. 北京：外语教学与研究出版社，2012：185-187.

② 本书作者自译。

从篇幅和韵律来看，这首诗可以说是极短又极简的典范。该诗几乎没有深奥的词，读起来好听，意思又好懂。其主旨体现了诗人的领悟：不该怪罪小鸟唱得不中听，而是不该不让鸟儿歌唱。吟诵此诗，可以体会到诗人思想的生发和感悟的过程。

《冰与火》也是言简意深。冰与火在自然界中是常见的现象，以此做比喻，表达了诗人对人类命运的终极关怀。"有人说世界毁于火/有人说世界毁于冰"。从这些科学探索式的结论中，诗人引出了自己的体验和认识：人之欲望如火，人之仇恨如冰，都是足以导致毁灭的力量。地球的物质毁灭也许在于冰与火，然而人类最大的危险却在于人类自己。欲望和仇恨也许比自然界的冰与火更具毁灭性。诗句简短，却意味深长；言辞冷峻，却石破天惊。

弗罗斯特说，一首诗歌是"对混乱的暂时抗争。诗歌中就含有那样的东西，为你抓住一些瞬间，不管怎么说——阻止混乱"[①]。诗歌中有智慧。它虽然不能为我们提供完美无缺的哲学，却可以帮助我们更理性、更睿智地面对人生。

坚守故乡，风格如一

弗罗斯特的成功不仅源于其清纯简朴的诗风、深邃悠远的意蕴，而且源于诗人对自己的生活方式及创作视角的自觉选择和固守。始终如一是弗罗斯特的显著特点。他的一生献身于自己的诗歌追求，他写

---

① 弗罗斯特.罗伯特·弗罗斯特校园谈话录.拉什姆，编.董洪川，王庆，译. 南京：译林出版社，2015：23.

的一本本诗集构成了一个不断成熟、日臻完善的整体。

进入 20 世纪，美国文坛风起云涌，各种思潮流派此消彼长。弗罗斯特深深植根于铸就自己诗风的田园乡间，以一名普通美国乡村人的身份生活其中，躬耕劳作。同时，他带着敏锐性与趣味性观察、思考，融自己对世界的认识及对人生的感喟于乡村自然风情之中，使之既充满浓郁的乡村气息，又包含着一个哲人漫步乡间的所思所得。智慧与情趣完美地交融，构成了弗罗斯特的独特诗风。

他的后半生除外出讲学访问外，绝大部分时间都在乡间度过，潜心于写作。他从不参加任何文学运动和流派，也从未介入当时各种标新立异的喧哗和论争。他沿着自己选定的道路走下去，先是默默无闻地练笔 20 年，成名后又辛勤创作了 50 余年。可以说，他的大半生都在经受着厄运和荣誉的双重考验。他有两个子女患精神病，结发妻子早他 25 年去世。他以坚韧的苦笑面对人生，坚持写作。

作为 20 世纪久负盛名的美国民族诗人，弗罗斯特先后荣获了包括哈佛大学在内的 44 所大学的名誉学位，美国普利策奖曾四次钟情于他。他是名副其实、当之无愧的"桂冠诗人"。正如苦难不曾压垮他，名誉也没有改变他。

我们常说，仁者乐山，智者乐水。说到诗人，这句话也可以改为：自然诗人既乐山又乐水，所以，诗人仁且智，智且乐。诗人是仁者、知者兼智者。诗人之智在于认识自己，保持自己。

华兹华斯和弗罗斯特都是书写自然、书写日常生活的诗人。他们的共同点在于：诗用寻常语，诗写身边事。用朴素的语言，写出切近现实的生动而深刻的诗篇。书写自然，是一个伟大的传统。对于一个诗人和作家，拥有自己独特的写作素材，找到自己的表达方式，同时又能够不为世事所迷，不为潮流所动，尤为难能可贵。用身边事、平常语，照样可以写出生动而深刻的诗篇，而且更加持久和富有哲理。这是华兹华斯的信念，是弗罗斯特的实践，也是值得坚持的写作方向。

第五章

勃朗特姐妹：作家与性别

　　最理想的是，敞开我心灵的耳朵，来倾听一个永远不会结束的故事。这个故事由我的想象所创造，并被继续不断地讲下去。这个故事还由于那些我一心向往，却在我实际生活中没有的事件、生活、激情和感受，而显得更加生动。

——夏洛蒂·勃朗特：《简·爱》

　　整个山脊仿佛一片波涛滚滚的白色海洋。

——艾米莉·勃朗特：《呼啸山庄》

勃朗特姐妹指英国女作家夏洛蒂·勃朗特（Charlotte Brontë，1816—1855）与两个妹妹艾米莉·勃朗特（Emily Brontë，1818—1848）和安妮·勃朗特（Anne Brontë，1820—1849）。她们被称为英国文学史上著名的"勃朗特三姐妹"。夏洛蒂最为人熟知的小说是《简·爱》；艾米莉是小说家兼诗人，《呼啸山庄》是她生前出版的唯一作品；安妮的代表作为小说《阿格尼丝·格雷》。

"作家与性别"这个主题不是为了讲男女作家的不同，而是主要通过早期女性写作，梳理文学创作的历史，说明作家要克服的特殊困难和成长的不易。实际上，每一位作家都要跨越不同的障碍和束缚，无论男女作家都一样。

　　了解早期女性作家的写作环境和状况，可以更好地理解她们作品中巨大的精神力量和强烈的思想情感。本章主要关注勃朗特三姐妹的人生以及夏洛蒂·勃朗特和艾米莉·勃朗特的创作。夏洛蒂在《简·爱》中把自己的经历变为写作素材，艾米莉的《呼啸山庄》将荒凉的自然环境与人物的狂野内心交织在一起。她们都破除了各种局限，发挥了自己的想象力和创造力，成了优秀的作家。

早期的女性写作

社会制约与积极的家庭写作环境

在人类历史相当长的时期，无论在政治、经济、法律、社会生活还是公共服务领域，男性都居于主导、权威和统治地位。在文学领域，男性作家同样占压倒性多数。能够著书立说、发表作品的作家被视为人威言重的权威人士和公众人物。所以，早期的女性作家寥若晨星。即使是一些著名的女性作家，也因为阅历有限和参与社会生活较少，其写作多集中在爱情、婚姻等较为私人化的题材上。

所谓早期的女性写作，是一个相对的说法，指的是这一时期男性作家主导文学创作，女性写作尚未被普遍接受。以英国文学史为例，主要指 19 世纪末之前的女性写作。她们的写作有一些共同特点：她们普遍受到社会限制、题材限制以及自我制约；她们匿名或采用男性笔名现象较多；就个人经历而言，她们能够成为作家，大都受益于家庭成员的鼓励和积极的家庭写作环境。

匿名及笔名现象

相对于男性占据社会生活的主导地位、可以拥有和支配多数物质财富的境况，早期女性写作缺少社会认同，也缺乏物质基础。弗吉尼亚·伍尔夫 1928 年在剑桥大学女子学院发表演讲时，开宗明义地直接点出女性写作与物质条件的关系。她提出："女人要想写小说，必须有钱，再加一间自己的房间。"①她知道，女性想当作家会遭遇更大的阻力，以及来自社会的更多偏见。

从字面看，英文 author（"作者"）可以看作是 authority（"权威"）的词根，所以，"作者"带有"权威"之意。按照传统观念，"作者"和"权威"的意思是相通的。这可以理解为：成为作者就意味着拥有权威，书写下来的文字意味着在某一领域发出的可靠声音。而在写作领域，一直存在着性别偏见。男性作家容不得女性发出自己的声音。所以，早期普遍出现了女性作家的匿名现象，她们为了避开性别偏见，不把自己的名字印在书上，只求作品发表，而不介意署名。

一些女性作家会采用男性笔名发表作品。比如勃朗特姐妹，在第一次出版作品的时候，她们每人都取了一个男性笔名。她们根据原来姓名的首字母把自己的名字男性化，把姓氏勃朗特（Brontë）改为贝尔（Bell），夏洛蒂（Charlotte）给自己起的笔名为柯勒·贝尔（Currer Bell），艾米莉（Emily）的笔名叫埃利斯·贝尔（Ellis Bell），安妮（Anne）的笔名叫阿克顿·贝尔（Acton Bell），这些笔名看起来都像男性的名字。

女性作家采用男性笔名主要是为了保护自己、掩盖身份，以及赢得批评家的严肃对待。英国女作家乔治·艾略特（George Eliot）的原名是玛丽·安·伊万斯（Mary Ann Evans），法国女作家乔治·桑（George Sand）原名阿芒蒂娜-奥罗尔-露西·杜邦（Amandine-Aurore-Lucile Dupin）。乔治这个名字一看就属于男性。她们都采用了男性

---

① 伍尔夫. 一间自己的房间. 贾辉丰，译. 北京：商务印书馆，2012：3-4.

笔名，试图掩饰自己的女性身份。

家庭写作

早期女性作家的写作还有一个突出特点，就是受益于家庭写作环境的积极影响。她们在写作的同时，还要兼顾家庭日常生活，不能因为写作而影响女性的传统家庭角色。女性作家的家庭关系通常较为亲密，她们的家人支持她们写作，双方能够互相支持、互相激励，有共同成长、一起写作的环境。同时，由于个性和关注点不同，每位家庭成员的写作会有不同的品质。女性作家大多受益于家庭的积极影响。

比如英国浪漫主义时期的小说家玛丽·雪莱，她是科幻小说《弗兰肯斯坦》的作者，她的丈夫是浪漫主义诗人雪莱，她的父亲威廉·葛德文是位哲学家，著有《政治正义论》。她的母亲玛丽·沃斯通克拉夫特是女权主义思想家，代表作是《为女权辩护》。他们一家人都才华横溢，写作的领域却大不相同。

再如英国散文家兰姆姐弟，他们经常一起读书和写作。弟弟是散文家查尔斯·兰姆，以《伊利亚随笔》著称。姐姐玛丽·兰姆患有精神病，需要弟弟照料。他们两人共同编写了《莎士比亚故事集》，查尔斯负责莎士比亚悲剧的改写，玛丽则专注于莎士比亚的喜剧。这本《莎士比亚故事集》至今仍是青少年阅读莎士比亚的经典入门书。查尔斯为了照顾姐姐，终身未娶。每次玛丽出现精神病征兆，姐弟俩便手拉手奔向医院。这样的情形催人泪下。

还有罗伯特·勃朗宁和伊丽莎白·勃朗宁夫妻，他们同为著名诗人，因诗歌缔结姻缘。当年的罗伯特仰慕尚待字闺中的伊丽莎白，不顾伊丽莎白身体有恙常年卧床，坚定地向她求婚。两人从英国移居意大利，在诗歌创作上各有成就。罗伯特的诗歌《我的已故的公爵夫人》对人物戏剧独白诗体的运用堪称精妙绝伦。伊丽莎白写出了深情动人的情诗《葡萄牙人十四行诗》。可以说，美好的爱情孕育并激发了两位诗人的创作灵感，夫妻两人的文学成就相映生辉。

女性作家也经常能够得到家人在其他方面提供的帮助。小说家乔治·艾略特得到了恋人同时也是批评家乔治·刘易斯的坚定支持。小说家伍尔夫的作品多交给丈夫的出版社印刷发行。家庭成员对于女性作家的重要性不言而喻。

尽管受到缺乏社会认同、工作机会有限等各种限制，在英国工业革命以后，随着文化程度的提高和闲暇时光的增多，从事写作的女性越来越多。到了维多利亚时期，女性作家第一次成规模地登上文学舞台，灿若银河繁星，为文学界带来了新气象。

经历与创造力

《简·爱》的素材来源与夏洛蒂的创造力

勃朗特姐妹出生和成长于英国北部的约克郡山区，彼时那里属于穷乡僻壤。当时，人们的平均年龄为二十五六岁，婴儿死亡率高达40%。村子里，24家人共用一个露天厕所。没有自来水。父亲帕特里克·勃朗特是一位贫苦的乡村牧师，毕业于剑桥大学圣约翰学院，知识渊博，乐于辅导子女读书。孩子们幼年丧母，家里原本有姐妹五人和一个弟弟，两位大姐因为寄宿学校的艰苦生活而去世，剩下三个姐妹和弟弟勃兰威尔。

勃朗特姐妹主要居住在家乡，交友范围不广，人生经历简单。她们在少女时代外出上过寄宿学校，夏洛蒂还到比利时首都布鲁塞尔的一所大学进修过一段时间。艾米莉和安妮终身未婚，也没有明显的恋爱对象。以如此有限的现实阅历和素材积累从事写作，她们需要有过人的勤奋，还要发挥巨大的创造力。

互相激励的写作氛围

勃朗特姐妹都喜爱文学创作，而且很有天赋。她们以读写为乐，一起编剧本、写小说、写诗歌、排戏、演戏，在自己创造的想象世界里调和现实生活的单调与不幸。父亲曾经送给勃兰威尔一套士兵玩偶，这套玩偶成了她们的灵感来源。她们为那套玩偶写故事、画地图，带士兵到荒原上作战，还把为士兵写的故事抄在自己创办的杂志上，自己裁纸、抄写并装订在一起做成小人书。家庭写作的形式给了她们很大帮助。在穷苦乡村，她们围坐在一个桌子旁写作、商讨、交流。这是一幅动人的情景。

写作初期，她们用笔名合作出版了一部诗集，后来各自在小说创作上显示了杰出的创造力。1847 年，夏洛蒂的代表作《简·爱》问世；同年，艾米莉的《呼啸山庄》和安妮的《阿格尼丝·格雷》也相继出版。

对于勃朗特姐妹来说，写作体现了她们的生命价值和思想，成为她们的另一种生活和存在方式。她们互相激励，以写作传递自己对外部世界的理解和丰富想象。她们的写作中都有浓郁的现实气息，显示了对社会生活的敏锐观察，同时也表达了十分浪漫的向往。除了写作，还有什么更好的方式打发那些单调的日子，发挥自己无边的想象力呢？如果不写作，她们生命的存在和逝去都会悄无声息。

弟弟勃兰威尔原本是一位有才华的画家，后来成为一个酒鬼。他为姐妹三人留下的唯一珍贵的东西是一幅画像——他把自己画在了阴影里，画上又抹去，最终隐身在画布中。他醉酒之后不出去工作，也无法继续做有用的事情。在三姐妹埋头写作的时候，勃兰威尔整天在楼上醉酒号叫。他会对夏洛蒂创作《简·爱》中阁楼上的疯女人有启发吗？他有可能是艾米莉在《呼啸山庄》中塑造的凯瑟琳的兄长辛德雷·恩萧这个酒鬼形象的原型吗？

勃朗特姐妹的写作既有相似之处，也有很大不同。以《简·爱》

和《呼啸山庄》为例，两部小说的相似之处都是以爱情为主题，这是那个时代女性作家喜爱且熟悉的内容。不同之处则表现在多个方面。《简·爱》表现了夏洛蒂对爱情的美好向往，《呼啸山庄》则写出了艾米莉对爱情的各种可能性的想象。无论是故事情节，还是人物、主题、叙事视角、象征、背景等，两部作品都各具特色。

1848 年 9 月，勃兰威尔去世。在他的葬礼上，艾米莉得了风寒，同年 12 月离世，年仅 30 岁。安妮次年 5 月也告别人间，年仅 29 岁。1854 年，夏洛蒂和父亲的助理牧师结婚，几个月后因妊娠期的并发症辞世，时年 39 岁。

《简·爱》的素材与现实背景

小说《简·爱》是夏洛蒂的代表作。她从女主人公的孤儿时期写起，按照时间顺序叙述：简·爱到寄宿学校接受教育，离开学校，到桑菲尔德庄园任家庭教师，与庄园男主人罗切斯特恋爱，从庄园出走，拒绝圣·约翰求婚，回到罗切斯特身边，两人结婚。

夏洛蒂在创作小说时，利用自己有限的个人经历，投入了大量的真情实感，这些从小说主人公的孤儿状态、幼时寄宿学校的经历、作为家庭教师的切身体会、与作家契合的女主人公性格等可以看出来。

第一，小说主人公的孤儿状态。夏洛蒂幼年丧母，对小说中简·爱的孤儿状态、寄人篱下的感觉，以及简·爱孤苦伶仃又倔强不屈的性格表现可谓感同身受。

第二，幼时寄宿学校的经历。这是夏洛蒂亲身经历的情景再现。她小时候被送往一所条件恶劣的寄宿学校，在饥饿、疾病和体罚的折磨下身心受到极大摧残。她的两个姐姐也都在学校染上肺病死去。

第三，作为家庭教师的切身体会。长大以后，为了谋生，勃朗特姐妹三人先后在有钱人家做过家庭教师，受尽委屈。家庭教师是那个时代知识女性能够从事的为数不多的职业之一，她们住在主人家里，帮忙照顾主人的孩子。在孩子眼里，家庭教师和家长属于同一类人，但在家长看来，家庭教师又不属于他们的阶层。家庭教师处在孩子和家长之间，角色特殊，地位尴尬。小说中罗切斯特和简·爱之间的重重隔阂和障碍，就主要受制于简·爱的家庭教师身份。

第四，与作家契合的女主人公性格。简·爱相貌平平，气质不凡，性格倔强，情感强烈。她敢于与环境和传统习俗抗争，勇于追求独立人格和幸福爱情。这在一定程度上体现了作家的精神投影和内心世界，寄托了作家对包括她自己在内的女性的希望和祈愿。

《简·爱》具有典型的写实主义风格和深刻的社会背景，反映了19世纪早期的英国社会现状，揭示了横亘在两位主人公之间的现实鸿沟。在简·爱和罗切斯特花园里漫步的那一章，简·爱深切地感受到了她和罗切斯特之间隔着比海更遥远的距离。这种距离一是财富，二是阶层，三是习俗。罗切斯特漫不经心、拖沓冗长、故作聪明的告白让简·爱失望而愤怒，她勇敢地发出了与罗切斯特灵魂平等的宣言：

> 我的心灵跟你一样丰富，我的心胸跟你一样充实！要是上帝赐予我一点姿色和充足的财富，我会使你同我现在一样难分难舍。[1]

---

[1] 勃朗特．简·爱．黄源深，译．南京：译林出版社，2010：252.

与此同时，她也清楚地知道，要实现和罗切斯特在现实中的平等，必须满足两个条件：第一，上帝赐予她一点姿色；第二，她需要拥有充足的财富。这应该是作家建立在深刻观察之上得出的结论，也是社会现实的写照。

夏洛蒂的创造力

在写作手法上，《简·爱》采用第一人称叙述，女主人公直抒胸臆，情真意切，故事平铺直叙，主题明确。她既经历了遭受虐待的痛苦、寄人篱下的歧视，也进行了不屈不挠的抗争，具有自尊自强的品质和火热的激情，更赢得了百折不回的爱情。女主人公的诉求很容易打动人心，被读者理解和接受。所以，小说出版之后，获得了一致好评。

夏洛蒂善于描写和刻画生活场景，大胆对压抑个性的现实社会发出抗议。她把扎实可信的现实描写与超出寻常想象的浪漫情节结合在一起，执意要消除浪漫和现实之间的隔阂。为此，她在小说中精心安排了男女主人公的不同命运。

简·爱在婚礼中断后离开桑菲尔德庄园，饥饿困顿中，她晕倒在荒野，被圣·约翰一家相救。圣·约翰恰好是简的表亲，简还得到了叔叔留给她的五千英镑的遗产，成为富足的女继承人。这就解决了她和罗切斯特之间财富和社会阶层的差距问题。于是，她满怀信心，回到桑菲尔德庄园，准备和罗切斯特一起生活。

为了实现这个美好的结局，作家对罗切斯特的命运安排就显得有些残忍。在简继承财富从而实现经济独立的同时，罗切斯特失去了他的财产。他的疯妻子放火烧了桑菲尔德庄园。罗切斯特为了抢救她，一条胳膊被毁，双目失明。再次相见，罗切斯特只能靠听觉感知到简，她悦耳的声音使她在罗切斯特的心目中显得愈发美丽动人。因为他身体残疾，简成为两人生活的主导者，他的双臂再也不能像当初在花园求婚时那样使用蛮力，只剩下一条手臂让简牵着走。简成了罗切斯特的眼睛和拐杖，引领他行走的方向。这也预示着，原来存在于主人与家庭教师之间的雇佣关系完全反转，两人之间实现了真正的灵魂平等：

> 跟他在一起，不存在那种折磨人的自我克制，不需要把欢快活跃的情绪压下去。同他相处，我无拘无束，因为我知道自己很中他的意。我的一切言行似乎都抚慰着他，给他以新的生命。多么愉快的感觉呀！它唤醒了我全部的天性，使它熠熠生辉。在他面前我才尽情地生活着。尽管他眼睛瞎了，脸上还是浮起了笑容，额头映出了欢乐，面部表情温柔而激动。①

这样，作家采用残忍的手法，消除了财富地位与外貌的隔阂，实现了浪漫的爱情。

从创作的角度看，作品表达了作家的梦想和向往。在现实生活中，夏洛蒂长相平平；在小说中，她刻画的女主人公同样相貌平凡。但夏洛蒂赋予了女主人公一个不肯屈服、渴望自由和平等的灵魂。夏洛蒂在写小说时并没有恋爱结婚，也没有获得那么多的奇遇和机会。她渴望一份爱，她在小说中一直在寻找这种爱，寻找一个真正

---

① 勃朗特. 简·爱. 黄源深，译. 南京：译林出版社，2010：440.

属于自己的家。

作家在现实生活中没有实现的，就寄希望于笔下的人物去实现。简是夏洛蒂没有实现的、经过巧手装饰的梦想，寄予了她对浪漫爱情和家庭生活的美好向往、对女性独立自主选择自己命运的渴望和理想。夏洛蒂有效地利用有限的素材，写出了自己心目中的爱情经典。

环境与想象力

《呼啸山庄》的对比手法、人与环境的冲突及作家的激情释放

如果说夏洛蒂在《简·爱》中投入了自己的经历和切身感受，通过创造力将生活素材提炼、升华为感人的文学作品，那么，艾米莉的《呼啸山庄》更多地表现了作家的激情和环境对于想象力的影响。和《简·爱》相比，《呼啸山庄》的情节、人物、主题和叙事艺术都复杂得多。

人物与环境的冲突

小说《呼啸山庄》的背景近似于勃朗特姐妹的家乡——英国北部约克郡的荒凉山区。那里比较偏僻，日常生活单调。她们住宅的门前是公墓，屋后是原野。原野上风大草长，布满各种奇形怪状的岩石。勃朗特姐妹总是把嶙峋怪石想象成不同的城堡，幻想着城堡里有不同的人物和故事。艾米莉从小喜欢在屋后的原野上无拘无束地奔跑，疾风呼号的原野培育、助长了她的想象力。这种自然环境和小说中的呼啸山庄十分相似，呼啸山庄是一座孤零零的庄园，坐落在狂风呼啸的荒原上，与岩石荒草为邻，是自然野性的象征。

《呼啸山庄》讲述了两个庄园的沧桑变化和三代人的命运沉浮。

按照时间顺序，小说的情节是这样的：呼啸山庄的老庄主恩萧从

利物浦街头带回一个流浪儿希刺克厉夫，同自己的两个孩子辛德雷和凯瑟琳一起抚养。对于这个流浪儿，辛德雷仇视他，凯瑟琳却深爱他。老恩萧去世后，辛德雷继承家产，在妻子死后开始酗酒，暴虐成性。凯瑟琳选择嫁给了画眉田庄的年轻男主人林惇，希刺克厉夫则悄然离开呼啸山庄。三年后，希刺克厉夫回来，开始实施报复。他让辛德雷在赌博中输得倾家荡产，从他手里谋夺了呼啸山庄。希刺克厉夫带林惇的妹妹伊莎贝拉私奔，对她百般折磨。伊莎贝拉生下儿子林惇·希刺克厉夫。后来，希刺克厉夫把凯瑟琳和林惇的女儿小凯瑟琳（凯蒂）扣留在呼啸山庄，强迫她嫁给自己的儿子，以此谋取画眉田庄的继承权。希刺克厉夫的儿子死后，小凯瑟琳和辛德雷的儿子哈里顿之间萌发了爱情。这对恋人让希刺克厉夫想起了昔日自己与凯瑟琳相恋的情景，没有心思再进行报复。他留下遗嘱，将他的棺木紧靠凯瑟琳与林惇放置，和他们埋在一起，然后拒绝进食，在大雨之夜凄然离世。有人看到希刺克厉夫和凯瑟琳的鬼魂在旷野的岩石间游荡。待一切成为过往，唯有作家借助小说向人们讲述这地下长眠者不平静的睡眠。

对比手法是这部小说的显著特色。与呼啸山庄相比，小说还描写了另一座庄园：画眉田庄。画眉田庄地处宁静的河谷，优雅、和谐，代表着世俗的荣耀，是社会地位、财富和教养的象征。两个庄园的名字都很传神，代表了两种迥异的风格和氛围。小说因而展示了两种环境与两种生活的对比。

两座庄园的对比、联系和冲突集中体现在女主人公凯瑟琳身上。呼啸山庄周围的自然环境孕育了她自由奔放的个性，也培育了她和希刺克厉夫的爱情。她因意外跌倒摔伤而在画眉田庄暂住，认识了人生的另一种模样。她向往画眉田庄里优雅的生活。于是，凯瑟琳身上出现了两种情感：一种是遵从她的内心天性，和她喜欢的希刺克厉夫在一起；另一种是受社会世俗观念的影响，嫁给每个女孩都不会拒绝的林惇。凯瑟琳情感的两面性，体现了野性与文明的冲突。她的婚姻选择从呼啸山庄向画眉田庄发生位移，也意味着自然环境向社会环境的屈从。

希刺克厉夫三年后回来，唤醒了她内心深处的感情。一方面，她希望两人在荒野里、在乱石中建立自己的城堡和想象的王宫。另一方面，她又爱惜自己的家庭、丈夫和孩子。凯瑟琳跟林惇之间的世俗之爱、人伦之爱与她跟希刺克厉夫之间的天性之爱是两种截然相反的力量。这两种力量撕扯着她，最终让她死于自己的矛盾冲突和折磨。

希刺克厉夫身上同样存在两种分裂的人格。一方面，他是情感炽烈的疯狂恋人。另一方面，他是冷血如铁的复仇者。他向伊莎贝拉求婚，完全是基于一种占有、利用、折磨和毁灭的心理。希刺克厉夫强迫小凯瑟琳嫁给自己的儿子，也只为把两个庄园都变成他的个人财产。希刺克厉夫把爱当成了报复的理由。爱与恨的交织在他的内心掀起阵阵狂飙巨浪，吞噬了他的人性。他把自己完全锁在过去的岁月里。他生不如死。

小说第一人称叙述者耐莉这样描述希刺克厉夫的最后时日：

> 我可以听到希刺克厉夫先生的脚步不安定地在地板上踱着，他常常深深地出一声气，像是呻吟似的，打破了寂静。他也喃喃地吐着几个字；我听得出的只有凯瑟琳的名字，加上几声亲昵的

或痛苦的呼喊。他说话时像是面对着一个人；声音低而真挚，是从他的心灵深处绞出来的。①

希刺克厉夫的命运体现了阶级、财富、地位等社会环境的影响。他处于社会底层，虽与凯瑟琳情投意合，但在凯瑟琳看来，如果与希刺克厉夫结婚，就意味着自己社会地位的降低。可以说，财富与阶级的鸿沟是左右小说人物行动的驱动力。希刺克厉夫返回庄园及种种复仇，除了追忆他的爱，更重要的是想要改变、跨越社会阶层造成的天堑。

这两个人物身上反映了自然环境和社会环境的双重影响。这些影响相互对立、不可调和，造成了人物内心巨大的矛盾冲突，导致了难以避免的悲剧命运。

小凯瑟琳和哈里顿的恋情则表现了冲突的和解。小凯瑟琳继承了父亲林惇和母亲凯瑟琳的特质，外表优雅温良而性格倔强，坚决不肯听从希刺克厉夫的摆布。她耐心地开导哈里顿，教他读书识字。他们的相爱既不是希刺克厉夫与凯瑟琳的再现，也不是林惇与凯瑟琳的翻版。他们的爱发乎情，顺其自然地发展，没有受到社会地位、家庭财富等外在因素的影响。小凯瑟琳的性格始终如一，她不屈服于环境和命运，而是通过自己的努力改变环境、与命运相抗。她听命于自己的内心，按照自己的性格行事。虽然她的婚姻身不由己，受到了希刺克厉夫的操纵和控制，但她敢于面对命运，做出顽强的抗争。她从画眉田庄来到呼啸山庄，回到母亲长大的地方，带来了和解。

---

①　勃朗特．呼啸山庄．杨苡，译．南京：译林出版社，2010：282.

　　　　亲爱的关系就是这样开始很快地发展着；虽然也遇到过暂时中断。恩萧不是靠一个愿望就能文质彬彬起来的，我的小姐也不是一个哲人，不是一个忍耐的模范；可他们的心都向着同一个目的——一个是爱着，而且想着尊重对方，另一个是爱着而且想着被尊重，——他们都极力要最后达到这一点。①

　　在父亲家里，她的名字是凯瑟琳·林惇，是她父亲和母亲的名字合二为一。她被迫嫁给希刺克厉夫的儿子林惇·希刺克厉夫之后，名字是凯瑟琳·希刺克厉夫。而她如果和哈里顿·恩萧最终结合，她的名字就变成她母亲本来的名字凯瑟琳·恩萧。在小凯瑟琳身上，作家寄予了诚挚的希望。

　　《呼啸山庄》主题复杂，人物众多，既刻画了自然环境，又揭示了社会生活。小说的男女主人公，无论凯瑟琳还是希刺克厉夫，都属于逾越常规的人物，二人情感冲突剧烈，命运改变跨度大。这是一个爱恨相依、交织纠缠又相互转换的故事，体现了深刻的社会意义。

　　相对于作品的巨大容量和丰富内容，小说的篇幅却不长，杨苡先生的中文版译文只有 25 万多字。在这样的篇幅里，能够讲述三代人的家族历史，刻画如此众多的人物，表达这样错综复杂的主题，这得益于《呼啸山庄》高超的叙事艺术。整部小说以房客洛克乌德先生和女管家耐莉的双重视角为基本叙事视角，辅以相关人物的插叙、倒叙，以及间歇性叙述手法，层次清晰地展现了作家对爱情的复杂态度，表达了多层次的主题。

---

① 勃朗特. 呼啸山庄. 杨苡，译. 南京：译林出版社，2010：268.

这部小说对读者的要求很高。对于读者来说，既要随着叙述者听故事，见证人物的发展；又需要自己积极地参与其中，投入自己的经验和想象，填补一些情节的断裂和空白，尝试对人物性格进行深度理解。《呼啸山庄》的写作体现了富有现代性的艺术手法。

作家的激情与想象力

在这样一部多重叙事视角的作品中，作家本人的声音被淹没在多重叙事中。这可能是艾米莉的一种刻意回避，避免直接陈述自己的判断和观点，而把判断权交给读者。从当时看，这是一种很超前的叙事技巧，也说明了作者思想的复杂性和不确定性。

艾米莉是在她二十七八岁时写的这部作品。在勃朗特三姐妹中，艾米莉的诗歌写得最好。她诗情澎湃，个人生活却又极其简单，这种天赋和内在的激情需要释放。她的心里应该埋藏着一座喷薄欲出的火山。

一个女孩子没有恋爱过，没有长时间离开家、去过很多地方，也不喜欢跟人说话，而是喜欢小动物，喜欢在大自然中随意游荡，自由地想象；她富有激情，又很内敛——这样一位女作家，心里装着这样一个故事，它会慢慢地沉淀，被她细细地讲述，一层一层地释放。我们读到的文字像一个火山口一样，下面岩浆滚滚、烈焰翻腾，需要时间去冷却。也可以这样理解，她的作品中每个叙述人都好像是一个火山口，有的已经冷却，有的正在熔化，有的沸腾翻滚。火山口下面有不同的岩层，需要我们来想象。

《呼啸山庄》是艾米莉一生创作的唯一一部小说。她在自己的作品中高度模拟了自己熟悉的自然环境，加之她对社会的观察和想象，用别具一格的叙事艺术，写出了人物在自然环境与社会环境的交互影响下难解难分的情感纠葛。对于这样一位年轻的作家，如果她的生命时限够长，如果她能够经历跌宕起伏的人生，如果她的澎湃激情得到了充分的释放，不知道会怎样？

简单的生活经历、贫瘠的环境并未妨碍勃朗特三姐妹发挥丰富的想象力。无论经历多么有限、环境多么单调，只要有伟大的创造力与巨大的想象力，都能够写出优秀的作品。即使生活经历和环境受到局限，也能够产生优秀的作家。

任何作家都永远无法达到创作条件及环境的完全自由与满足。无论男女作家，都有各自要克服的困难。挣脱种种束缚和障碍，是写作的必经之路，也是作家应该具备的力量。

第六章　马克·吐温：作家与故乡、地域及民族

我已经意识到：我被创造出来的目的就是了解这个世界上的各种秘密。

——马克·吐温：《夏娃的秘密日记》

每一个发育健全的男孩子在一生当中总有那么一个阶段，会产生一种疯狂的愿望，就是想要到什么地方去寻觅和挖掘宝藏。

——马克·吐温：《汤姆·索亚历险记》

马克·吐温（Mark Twain，1835—1910），美国小说家，被誉为美国现代文学的奠基人，代表作有《卡拉维拉斯县的著名跳蛙》《竞选州长》《汤姆·索亚历险记》《哈克贝利·芬历险记》《百万英镑》等。

每一位作家都有自己的故乡，都有明确的地域特色，都带有自己的民族标志。写作从故乡开始，是一条惯常的道路，稳妥而坚实。有的作家能够从故乡延伸到一种地域风貌，再延伸到民族性格和特色，被称为地域作家、民族作家。从故乡开始，到地域，到民族，再到世界，每一次延伸和扩展，都意味着作家作品得到了越来越普遍的认可和提升。

　　马克·吐温被称为具有典型美国民族性的作家。他在作品中运用的简洁明快的口语散文风格，成为美式英语有别于英式英语的重要标志。他塑造了反映美国民族性格的特色人物——汤姆·索亚和哈克贝利·芬，他们成了美国文学中的经典人物。

作家与故乡

克莱门斯成为马克·吐温

每一个民族都有自己的语言和独特的发展道路，以及长期以来形成的传统和价值观。伟大的民族作家应该具有广泛的代表性，他们至少要有三个方面的巨大贡献：一是产生广泛而深远的影响，二是带来语言上的革新，三是塑造出能够反映民族性格的人物形象。这三个方面是相辅相成的。作家之所以能够产生深远的影响，很大程度上是因为他对语言的革新和他所塑造的人物。

马克·吐温留恋他在家乡度过的童年时光，他把熟悉的家乡人和家乡事写入他的作品，让他的人物走出故乡，见证和经历美国的成长。这些作品构成了美国文学的经典，也奠定了马克·吐温在文学史中的卓越地位。

美国现代文学的奠基人

美国曾是英国的殖民地，独立之后很长时间里，美国作家都在模仿英国作家。美国在文学上的独立比它作为一个国家的独立过程更为漫长。马克·吐温带来了清新简洁的语言风格，写出了美国精神和民族品质，把美国文学引向了一条不同于英国传统的道路。

他的同代作家威廉·豪威尔斯，也是当时的文学领袖，把马克·吐温誉为"独一无二，无可比拟，我们文学的林肯"①。马克·吐温的《哈克贝利·芬历险记》是铸就美国民族文学的经典之作。海明威极力称赞这部小说："全部美国现代文学源于马克·吐温写的一本书《哈克贝利·芬历险记》……这是我们所有的书中最好的一本。一切美国文学都来自这本书。在它之前不曾有过，在它之后也没有一本书能和它相比。"②

《哈克贝利·芬历险记》采用口语化风格，以少年的语言写出，有些地方根据需要还使用了黑人口语，这在当时实为大胆的创新。马克·吐温对语言精益求精，提炼了他熟谙的多种方言土语，这是与英国书面英语迥然有别的、简洁地道的美国通俗口语，表达生动，直截了当，富于动感和直觉想象。批评家莱昂内尔·特里林认为这是"经典的散文体"，"质朴、简洁、清晰、优雅"③。诗人托马斯·艾略特也称赞马克·吐温在这部小部中"发现了一种新的写作方法，不仅适合他本人，而且适合其他人，是一切文学里少见的作家之一……这些少见的作家更新了自己的语言，'纯洁了本民族的方言'"④。

马克·吐温的成长经历

马克·吐温原名萨缪尔·克莱门斯（Samuel Langhorne Clemens），"马克·吐温"是他的笔名。他出生于美国密苏里州的佛罗

---

① 朱刚．新编美国文学史：第 2 卷．上海：上海外语教育出版社，2002：43.

② HEMINGWAY E. Green hills of Africa. New York：Scribner's, 1935：22.

③ TRILLING L. Introduction//TWAIN M. The adventures of Huckleberry Finn. New York：Holt, 1948：xvii.

④ 同①32.

里达村，长于密西西比河畔的汉尼拔镇。他出生那年，哈雷彗星划过太空。哈雷彗星每76年拜访一次地球，长大后的马克·吐温曾预言，他将随着哈雷彗星的再次到来而离开人世。他给自己设定的人间寿命是76岁。

作家的童年自由而快活。他成长的家乡汉尼拔镇位于美国中部，这座小镇对他的成长和后来的文学创作有着深远的影响。他的父亲在小镇上开了一家杂货店，还兼职做律师，是镇上的体面人。每年夏天，父亲都会送他到叔父的农庄住上一段时间，美丽迷人的乡村自然风光深深吸引了少年克莱门斯。

1英里①宽的密西西比河从汉尼拔镇旁边流过。克莱门斯每天都能看到密西西比河上来来往往的汽船，在这个对外部世界充满憧憬的小镇少年看来，汽船有一种独特的魅力，密西西比河上的领航员是在大河边长大的孩子们崇拜的偶像。密西西比河自北向南流经美国诸州，是重要的内河航道，很多美国作品都写到过这条大河。

少年时代的克莱门斯开始经历人生坎坷。他12岁的时候父亲去世，他不得不利用课余时间到店铺里打工，后来则辍学帮助家里维持生计。他做过很多事，当过印刷学徒，学会了排字印刷。靠着这门手艺，他周游了美国的许多地区，开阔了眼界，丰富了阅历。童年的短暂快乐成了他倍加珍惜的美好记忆。他在《汤姆·索亚历险记》中写尽了童年的愉快往事。

后来，经过自己的努力，他在密西西比河上当了四年的领航员。

---

① 1英里约合1.6公里。

这是他童年的梦想，也是令他倍感骄傲的职业。他在小说中对密西西比河的描写，总是充满令人心旷神怡的诗意。领航员的生活使他熟悉了各种各样的人，听到了许多幽默滑稽的口头故事。他的主要作品几乎都与密西西比河有关。也正是在密西西比河上的经历，帮助他找到了自己的笔名。"马克·吐温"原意是水深两浔①，为轮船可安全通行的水域深度——他可能是为了纪念自己在密西西比河上的领航员生活并祝福自己一生平安。

马克·吐温阅历丰富，对美国社会有着广泛而深刻的理解。他的家乡在美国内战前是个蓄奴州，黑人奴隶的悲惨处境和他们的善良性格给他留下深刻的印象。美国南北战争爆发后，密西西比河航运停止，马克·吐温到内华达州卷入"淘金热"。"淘金"失败后，他到一家报馆做记者，开始撰写幽默故事。他熟悉幽默文学的各种技巧和绝招，耳濡目染的丰富现实生活使他的笔下笑料连篇。他善于运用极度夸张的手法，玩笑中夹带着怂恿，幽默中包含了讽刺，往往让人忍俊不禁地涕泪横流。他一共创作了 70 余篇幽默作品。

从马克·吐温的作品中，我们读到的不仅仅是幽默。他的嬉笑怒骂背后有着严肃的创作立意，他亦庄亦谐的表达也包含了丰富的人生体验。比如《竞选州长》（1870），我们不会仅仅把它看作一篇令人捧腹的幽默故事。1873 年，他和查尔斯·华纳合作写出了他的第一部长篇小说《镀金时代》。书名极富象征意义，准确地反映和揭露了美国南北战争后貌似黄金时代的表面繁荣下，投机商人、企业家和政府

---

① 两浔等于 12 英尺，约合 3.7 米。

官员合伙剥夺人民财富的现实。小说在艺术上尚显粗糙，但被认为是美国第一部"揭露黑幕"的小说。它也标志着作家早期创作的结束，作品中粗犷奔放、滑稽夸张的特点逐渐消失，温和的幽默和抒情描写增多，文笔趋向简洁精雅。

马克·吐温擅长从自己熟悉的生活中汲取素材，经过想象的加工，使之成为文学作品。他愿意不断地回顾他的童年和密西西比河。与他的童年和大河生活有关的《汤姆·索亚历险记》（1876）、《密西西比河上的生活》（1883）与《哈克贝利·芬历险记》（1884）相继问世，都成了马克·吐温的传世经典。

作家的一生经历了很大的起伏。他的童年幸福，少年坎坷，青年时娶到钟爱的女子奥莉维娅·兰登为妻。他的婚姻美满，妻子对他的写作帮助很大。到了晚年，他投资制造自动排字机失败，通过旅行演讲还债。妻子、长女苏希和幼女吉恩先他去世。晚年的马克·吐温和早年有了很大的区别，对人类的失望和愤慨越来越明显地见诸笔端。他对美国社会现实的批判淋漓尽致，对虚伪腐败的讽刺入木三分，深恶痛绝中的悲愤跃然纸上。幽默乐观的马克·吐温成了一个疾恶如仇、悲愤犀利的社会批判家。

1910 年 4 月，当哈雷彗星再次出现在地球上空时，马克·吐温已病入膏肓，处于弥留之际。唯一在世的二女儿克拉拉从伦敦赶来，陪他一起度过了人生的最后时光。哈雷彗星离开地球四天之后，他也离开了人间。

"美国的故乡"

汉尼拔镇是马克·吐温成长的地方，他四岁时随家人搬到这里。由于他在美国文学史上的伟大贡献，汉尼拔镇也被称为"美国的故乡"。通往密苏里州的公路两边，远远就能看到写有这个称呼的标牌。

汉尼拔镇每年都会举办纪念马克·吐温的民俗文化节。民俗节期间，装扮成汤姆和贝奇的乡村少年总是最受游客喜爱的人物。扮成汤姆和贝奇的两个可爱的少男少女身着旧时衣裳，携着装有野餐的藤条篮子，手牵手在大街上随意行走，脸上流露出少男少女羞涩动人的笑靥。翘着白胡子的"马克·吐温"站在路旁滔滔不绝地发表高见。这种真人秀也是民俗节的一项传统项目。

马克·吐温的影响在小镇无处不在。到达小镇，首先映入眼帘的就是立在卡迪夫山脚下的汤姆和哈克雕像，两人正对着小镇的主街。街道左边有克莱门斯旅馆、马克·吐温饭店，还有间咖啡屋的整整一面墙上画着那个大大的跳蛙，它显然是作家的成名作《卡拉维拉斯县的著名跳蛙》里的主角。还有游人摩肩接踵的汤姆·索亚渡口，从这里可以登船游览密西西比河，饱览小镇和大河风光。

马克·吐温故居纪念馆位于十字路口的街角。白色木栅栏围着故居院落，故居里面按照原样复制了马克·吐温的卧室、书房、厨房和起居室等。故居旁是纪念馆展厅，展示着马克·吐温的生平和创作资料。出展厅向右不远处，有一间哈克贝利小屋。屋子很矮，屋里一贫如洗，徒有四壁，以及一个孤零零空荡荡的壁炉。墙上是对小说《哈克贝利·芬历险记》的内容介绍和评价，还收集了不少有关种族歧视的报道和证据。墙上导言说，马克·吐温当年以一己之力应对美国的奴隶制和不公正——这些问题在当今世界依然存在。由此说明当年哈克以兄弟情谊对待黑人吉姆的可贵之处。只要人类还不能宽容相待、平等相处，这部作品就常读常新，不会过时。

出了故居纪念馆，街对面就能看到汤姆当年的初恋小伙伴贝奇的家。街上还有马克·吐温父亲的律师事务所，以及一间鬼屋，这间鬼屋在小说中处于荒郊野外。还有一家药店，里面保存着当时乡村医生的各种制药工具。

一幢临街的楼房是马克·吐温博物馆。里面陈设着三个人的雕像：马克·吐温正给汤姆和哈克读书。一幅大河航行的图画占满了博物馆二楼的内墙，还有马克·吐温喜欢的轮船舵盘，有汽笛，可以拉响。透过驾驶室的玻璃窗望去，对面就是密西西比河。三楼主要收藏他的私人用品，每一件都弥足珍贵。有他生前使用过的打字机、他送给夫人的珠宝箱、女儿送给他的烟斗、他的各种半身塑像，还有各时期的关于马克·吐温的报道，他妻子、女儿送给家里女佣的亲笔签名的照片，他的手稿和签名，以及各种版本小说的插图，等等。

《汤姆·索亚历险记》描写的洞穴在汉尼拔镇外几英里的地方，现在被命名为马克·吐温洞穴。作家把他熟悉的故乡的所有人都请到了这里，安排了《汤姆·索亚历险记》中的一次野餐会。这里有儿童游玩探险的所有要素，是小说大结局的发生地。

当年，马克·吐温尽情描绘故乡，把一草一木都写进了他的作品。现在，家乡人又还原和定格了他记忆中的故乡。

大河与童年

《汤姆·索亚历险记》的情节、人物与主题

马克·吐温善于从故乡取材，把小说的人物放在更广阔的世界中。他的文学成就与他的成长经历密不可分，他与故乡的密切联系造就了他的文学经典。

《汤姆·索亚历险记》和《哈克贝利·芬历险记》是马克·吐温广为流传的两部作品。从创作时间上，《汤姆·索亚历险记》写在《哈克贝利·芬历险记》之前。前者主要作为儿童文学作品闻名于世，后者则是更深层意义上的文学经典。马克·吐温的作品大多含有辛辣的讽刺，《汤姆·索亚历险记》却饱含着难得的快乐基调。

好孩子，坏孩子

《汤姆·索亚历险记》的写作主要来自作家对美好童年的回忆。这部作品的故事发生在密西西比河畔的小村庄圣彼得堡。小说开始，汤姆因为偷吃果酱、逃学游泳、跟人打架，让收养他的波莉姨妈哭笑不得，罚他在周末劳动。别的小朋友可以兴高采烈地玩耍，汤姆却要粉刷长长的篱笆院墙。小说中写道：

> 星期六早晨到了，夏天的世界到处鲜亮清新，充满了蓬勃生机。每一颗心灵都有歌声荡漾；如果是年轻的心灵，那歌声便会

在唇齿之间飞扬。每一张脸上都喜气洋洋；每个脚步都轻盈有力。刺槐树的花在开放，空气里充满了芬芳的花香。卡迪夫山冈在远处俯瞰着小村庄，它草木葱茏，一片碧绿，它离村庄那么遥远，看上去犹如一片梦幻中的乐土，诱人而安详。①

马克·吐温用充满诗情画意的语言描写周末的欢乐时光，更加反衬出汤姆的窘境。小朋友们嘲笑汤姆，汤姆也心情郁闷。不过，他很快有了一个绝妙的主意。他小心翼翼地刷一下墙，再后退几步反复打量，活像一位艺术家在创作自己得意的作品。他就这样把单调乏味的体力劳作变成了孩子们眼中难得为之的艺术行为。于是，全村的孩子争先恐后，用各种小玩意换取替他刷墙的机会，个个忙得满头大汗，干得不亦乐乎。而汤姆则坐在树荫下，开心地把玩从小朋友们那里换来的各种宝贝。

往后发展有两条线索：一条是汤姆在学校里的表现。他照旧顽皮捣蛋，挖空心思搞各种恶作剧。他喜欢上了女同学贝奇，想方设法出风头，吸引她的注意力。表白之后，两人又闹别扭，互不服气。另一条线索是学校之外的活动。汤姆和哈克（即哈克贝利·芬）、哈泼等小伙伴离开小镇，在杰克逊岛上的树林里扮演强盗嬉戏。在午夜坟场里，汤姆和哈克猝不及防地目睹了一起凶杀案。

小说的两条线索相互交织，既妙趣横生，又紧张刺激。学校里，贝奇因为撕破了老师的书而面临惩罚。在紧要关头，汤姆主动站出来，替贝奇受过，遭到老师的鞭打，也因此赢得了贝奇的敬意和爱

---

① 吐温. 汤姆·索亚历险记. 刁克利，译. 北京：中国少年儿童出版社，2003：12.

慕。午夜凶杀案之后，醉酒的穆夫·波特被真正的凶手印江·乔嫁祸，被当成杀人犯关了起来。随着穆夫受审判的日子越来越近，汤姆越来越受到良知和恐惧的双重煎熬，经过剧烈的思想斗争，他下定决心，在法庭上指证了印江·乔的犯罪事实，成为真正的英雄。

后来，汤姆和哈克在玩探险游戏的鬼屋中无意间发现了强盗的财宝。在晚上盯梢时，哈克偷听到强盗要伤害道格拉斯寡妇，就拼命奔跑报信救人，使后者免于遭难。而汤姆与贝奇在野餐时，在山洞里迷路了。汤姆安置好贝奇，独自寻找到洞口，终于让两人获救。汤姆和哈克再次返回山洞，找到了强盗藏起来的钱财，两人平分金币，各得六千块。哈克被收养，汤姆继续寻找新的冒险机会。

小说主人公汤姆·索亚一刻也不安分，总是挑战大人的耐心，是一个不听话、不守规矩的"坏孩子"。同时，他勇敢大胆，行动力强，明白是非对错，有责任心，关键时刻能够挺身而出，又是一个有良知、有正义感的"好孩子"。这样的人物与大自然心意相通，有成长和发展的空间。

作家并不看重循规蹈矩的所谓模范少年：他们太过拘束，太守规矩。但凡他们做事，人们总能猜出结果，他们是文学作品中的乏味人物。在《汤姆·索亚历险记》中，有个靠死记硬背赢得了五本《圣经》的男孩儿，由于压力过大而变得神志不正常。汤姆的表弟席勒天天盯着汤姆的过错，频繁向姨妈告状，后来因为提前透露了威尔士老人的大消息被汤姆狠狠揍了一顿。

理解与向往

《汤姆·索亚历险记》是一本充满童趣的书。小说用抒情的笔调描写儿童与大自然融为一体，写他们在杰克逊岛上富于稚气和魅力的探险。马克·吐温对儿童心理的观察精细入微，他将快乐集中在一个夏季，故事地点和细节具有高度的真实性，甚至所有人物都有生活原型。经过作家的艺术加工与想象，现实被附着了浓郁的幻想色彩，原本无精打采的河边小镇被赋予田园诗般的浪漫格调，单调的现实被抹上了浓郁的幻想色彩。小说语言优美流畅，如行云流水，用词简洁直白、清晰明快。

小说描写了汤姆从听凭直觉天性行事，到能够在爱心和良知激励下自觉行动的全过程。汤姆和他的小伙伴们在成长中，需要大人们的耐心陪伴和包容。除了孩子，小说还塑造了波莉姨妈、哈泼妈妈、贝奇妈妈、法官、道格拉斯寡妇、威尔士老人和他的两个儿子，这些人构成了小说中的成年人。他们愿意宽容孩子们的胡闹，原谅他们的过失，耐心地等待孩子们成长。在孩子们遇到威胁时，他们随时提供帮助，以适当的方式鼓励他们渡过难关。

《汤姆·索亚历险记》是作家的心爱之作，写了作家对童年快乐的美好回忆，也包含着他对世人童真永驻的祝福。这部书适合两代人一起阅读，并在阅读中互相理解。成年人要理解孩子，就像理解汤姆那样，既理解天性贪玩、喜欢冒险的汤姆，也理解不平凡的汤姆：见义勇为救穆夫，挺身而出救贝奇，头脑冷静山洞脱险，计划周密寻找宝藏。他不守规矩，但心中有爱、有正义。在为汤姆和小伙伴们的失踪感到痛心时，波莉姨妈对汤姆的评价是："他并不坏，这么说吧——只是爱恶作剧。你们知道，他就是冒冒失失的，有点胡来。他就跟匹小马驹儿一样，不能怨他。他可从来没安过坏心眼，是一个少见的好心肠的孩子啊——"①成年人要有容得下孩子成长的空间、耗得起的耐心和等得起的时间,当好随时可以依靠的支点、可以回得去的家园。

孩子也要理解长辈。还是在同一章中,汤姆听到波莉姨妈跪下来为他祷告,她颤抖的苍老的声音传达着无限的爱。波莉姨妈的祷告还没做完,汤姆已是泪流满面。孩子的心里要有成长的支点,这个支点就是长辈的包容和耐心。成长是双向的理解。在这本小说中,少年读成长,成人读耐心、爱和等待。

在马克·吐温晚年凄凉的岁月里,他不断地想再写汤姆和哈克的故事,这足以证明这部小说在他心目中的意义。马克·吐温是借童年的故事探寻永恒的生命发祥地。小说中的杰克逊岛是儿童嬉戏的乐园,是成人心灵的栖居地。可以说,每个人都向往"杰克逊岛",每个人心里都住着一个孩子。儿童可为成人师。回首童年,可以让人不断抹去尘世的喧嚣,拂平心灵的浮躁,重温洁净、率真的心性。

---

① 吐温. 汤姆·索亚历险记. 刁克利,译. 北京:中国少年儿童出版社,2003:141.

少年成长与民族神话

《哈克贝利·芬历险记》的视角、叙事、对比手法与有争议的结尾

在马克·吐温的两部历险记中，汤姆·索亚和哈克贝利·芬自始至终都是好朋友。这两个人物都在两部小说中出现，各自成为一部小说的主角。作家在《汤姆·索亚历险记》的主角汤姆身上寄寓了自己对故乡的回忆和对童年的向往，写尽了故乡的风物人情；却把《哈克贝利·芬历险记》的主角哈克带离了故乡，让他身不由己地随木筏顺水漂流，从北方到南方，经历光怪陆离的美国社会，见证千姿百态的人生。

两部历险记不相同

《哈克贝利·芬历险记》是接着《汤姆·索亚历险记》往下写的，只是主人公由汤姆变成了哈克，故事主要由哈克讲述两个人逃亡路上的种种奇遇和历险。开头写哈克和汤姆找到宝藏之后，哈克被同村的道格拉斯寡妇收养。哈克的爸爸听说哈克发财了，就过来找他要钱，并把他拖到大河边的树林中，锁在小屋里。哈克挣脱禁闭，逃了出去。这时，同村的黑人奴隶吉姆为摆脱被贩卖的命运，也出逃在外。两人结伴同行，乘坐木排一路漂流。

从故事发生的地点和背景看，《汤姆·索亚历险记》的故事全部发生在人物居住的圣彼得堡乡村及周围不远的地方，是一个乡村孩子脚力能够走到的有限区域。哈克的经历则要丰富得多，背景也复杂多变，反映了美国内战前的社会面貌。

从叙述视角看，在《汤姆·索亚历险记》中，作家采用全知全能的第三人称视角，以成年人的口吻，用符合规范的流畅英语，把乡村生活和儿童世界写得妙趣横生。而《哈克贝利·芬历险记》则采用第一人称，以哈克的有限视角，让读者跟着他的眼睛看世界。小说语言口语化，简洁生动，直截了当。

从故事的情节看，《汤姆·索亚历险记》写儿童的游戏和冒险，重在体现童趣。《哈克贝利·芬历险记》的故事主线则描述人物被动地离开、不得已地逃走，经历残酷的社会矛盾。

两部小说一部是经典儿童文学作品，一部是屈指可数的世界文学名著。相对而言，《哈克贝利·芬历险记》的写作艺术更精湛，内容更丰富，主题更深刻。

以少年视角看成年人世界

《哈克贝利·芬历险记》自始至终都是哈克的见闻和叙述。哈克是个乡村顽童，他在讲述的时候，会加上一些自己的评论和感受，或幽默，或自嘲，依他的心情和境况而定。哈克的这种说话方式给读者留下了很大的想象和判断空间。

读者就这样随着一个少年的经历看他的世界，又通过自己的判断发现他的局限，了解他认知以外的世界。哈克带着我们以有限的视角看到无限的世界，我们既理解了哈克，又理解了这个世界。这是哈克作为视角人物的特点，也是他在小说情节推动和主题表达上的优势。

首先，哈克在漂流中，经历了 19 世纪中期美国内战之前社会生活的方方面面。一路上，他见到了形形色色的人物：有杀人越货的强盗、挑动家族世仇的地方大户、自称国王与公爵的骗子，还有小镇醉鬼、街头无所事事的闲人懒汉等。通过这些人物，我们看到了一幅幅广阔而生动的现实画面。《哈克贝利·芬历险记》也因此被称为美国内战之前人性与社会生活的全景图，是"美国文化的核心文献之一"①。

其次，我们看到了哈克的成长。哈克的经历影响和改变着他，他在内心深处一直与公认的社会标准和道德观念进行抗争。比如，他对让他学习规矩的文明教化有抵触情绪，对宗教也持不信任的态度。在漂流中，他加深了对黑人吉姆的理解，能够逐步抛开世俗偏见，因为开玩笑伤害了吉姆而勇于向他认错，后来甚至宁愿"下地狱"也要救吉姆，替他争取自由。小说写出了哈克从朦胧地抗拒，到逐步主动、明确地向往自由，以及不仅为自己还替别人争取自由的过程。这部小说是哈克的心灵成长史。

再次，我们可以通过哈克反观成年人的世界。哈克是成年人的镜子，他不但能够认识到自己的错误并敢于纠正，还为坏人的所作所为、为人性之恶感到震惊。在漂流的过程中，哈克看够了两个骗子的各种丑态，但在得知被愚弄的民众准备报复时，又想着通知两人赶快逃跑。他来晚了一步，狂怒的人群尖叫呼喊，抬着两个骗子

---

①　TRILLING L. Introduction// TWAIN M. The adventures of Huckleberry Finn. New York：Holt，1948：6.

游街，把他们浑身涂满柏油、沾满羽毛，让他们看着就像一对大鸡毛掸子。目睹此情此景，他为这两个可怜又可恨的坏蛋感到难过。他是在替大人的报复感到不堪，替人性的丑陋感到羞愧。小说不仅描述了哈克的逃亡和向往自由的经历，也用少年的成长启迪了成人的心智。

最后，哈克具有独特的象征性。他的身上体现了特征明显的个人品质：不讲来处，没有背景，独自面对现实人生，注重独立精神、探索意识和实际能力，在各种纠错和探索中觉醒与成长。这是美国文学作品中受推崇的人物类型，比如《肖申克的救赎》的主人公以一己之力对抗整个官僚机构和监狱制度，按照自己定义的正义行事。有人把哈克看成被逐出伊甸园的亚当，他需要独自面对现实，克服困难，自主判断，不断成长。① 因而，可以把小说理解为哈克的成长——他如何从一个普通人成长为一个自觉自省的人。

哈克还赋予小说鲜明的语言风格。这部小说之所以被认为奠定了美国文学口语化风格的基础，和马克·吐温用哈克作为叙述者有密切关系。以小说结尾为例，在经历了种种历险之后，哈克这样说：

> 所以，再没有什么可写的了。我是高兴透了，因为我要是早知道写一本书有这么麻烦，我根本就不会动手，也不打算再写了。不过我估计我必须得在其他两位前头赶快跑到印第安人那里去，因为莎丽姨妈打算收养我、教化我，我可受不了这个。我以

---

① GUERIN W L，LABOR E，MORGAN L，et al. A handbook of critical approaches to literature（fourth edition）. Beijing：Foreign Language Teaching and Research Press，2004：189.

前受够了。①

这些句子简洁生动，清新明快，用的都是平时人们常用的词汇，没有复杂的结构。它的英语原文与地道英国英语风格迥异。

要之，小说中的哈克既是视角人物，也是主角。他带着我们看到世界的丰富性，让读者看到他自己的变化和成长，体现了美国的民族性格，也赋予小说以独特的语言风格。

一切都发生在路上

《哈克贝利·芬历险记》采用了西班牙流浪汉小说的叙事模式，写主人公哈克在流浪中遇见的各种人、各种事，以及大河与陆地之间变换的风土人情和社会背景：一条大河，一个木排，两个熟悉的人，顺流而下，向往自由。

所谓西班牙流浪汉小说的叙事模式，就是故事主人公不断行进在路上，经历冒险。地点、场景和背景人物在不断变换，展示出主人公的内心变化和对世界的看法。这是一种重复结构，主人公不停地行走，故事从不间断。如塞万提斯的《堂吉诃德》也是这样的叙事结构，作品描写主人公堂吉诃德和仆人桑丘二人，一匹瘦马，一路奇遇。一切都发生在路上，重复变化的是各种艰难险阻和奇幻臆想，不变的则是令人啼笑皆非的主仆二人。

小说里的对比手法也令人称道。比如陆地与大河的对比，大河两岸沃野千里，林木参天，静谧悠闲：

① 吐温. 哈克贝利·芬历险记. 刁克利，译. 北京：中国少年儿童出版社，2003：395.

一到晚上，我们就撑出木排，快到大河中央时，我们便不再管它，让它自己顺着河水随便漂，然后，我们点上烟斗，把腿放进水里摇晃着，聊各种各样的事……住在木排上，日子可真美呀。我们头顶上有天空，布满了星星，我们通常躺在木排上，仰脸看着它们，谈论星星是做出来的，还是原来就是这样。①

大河安详、宁静，是心灵获得安慰和休憩之所。还有一种解释，大河是母亲和女性的象征。返回大河，满足了哈克对母亲的渴望，满足了吉姆对妻子和家庭的向往。在宽广的水面上，一少年一成年、一白人一黑人相互帮助，彼此鼓励，和岸上的丑陋、嘈杂的社会生活形成鲜明的对比。

在陆地上，哈克看到的是世族仇杀和招摇撞骗等等丑行恶行。与大河相比，陆地上好像到处是欺诈、虚伪、凶险和冲突。随着故事的发展，两人遭遇到越来越残酷的现实。水面不再平静，大河上也出现了强盗掠杀和分赃，自由快乐和充满情谊的木排也挤上了两个邪恶的骗子。木排难以把握自己的方向，只能随波逐流；木排上的人向往北方遥远的自由，但木排却朝着南方越来越苦难的现实逼近。正是在对比中，良知与教条、现实与理想的对立和矛盾，让主人公的心灵逐渐改变、获得成长。

完美的对称还是多余的结尾

对这部小说的前后对称结构，人们历来有不同的评价。小说前七

---

① 吐温. 哈克贝利·芬历险记. 刁克利，译. 北京：中国少年儿童出版社，2003：161.

章写孩子们在圣彼得堡村里的游戏，后十章写吉姆被骗子卖到南方斐尔普斯家的农场之后哈克和汤姆对他的救援，中间二十六章为主体部分，写主人公在大河上的漂流。这部小说前后呼应，开头和结尾部分写的都是孩子们的游戏。有人认为，小说后面营救吉姆的内容是画蛇添足，因为吉姆的主人已经给了吉姆自由，所以这种煞有介事的营救游戏毫无意义。

的确，从现实需要看，结尾这个营救的情节似为多余，人物设置也有悖于作品的整体风格，因为大半部小说都在写哈克的成长、发展、变化，到结尾哈克好像一下子又回到了开头那种不问是非对错的儿童游戏状态。

作家为什么要写这看似多余的部分呢？这种多余之笔或闲笔在文学创作中并不少见。有的是作家艺术不成熟、取舍不得当的表现；有的是作家有意为之。换个角度理解，这种多余之笔可能是作家的执念，满足作家自己的想法，而不顾及读者的阅读体验，也不在乎艺术法则。这也解释了文学批评中的一个现象：批评家觉得多余的地方，作家莞尔一笑。批评家觉得艺术上有不完美的地方，作家满不在乎。作家知道自己在什么地方用情真、用意深，甚至情到深处难以自已，他何必顾及这些地方是否多余、是否累赘。他不惜显出艺术上的缺陷也要写这些。换句话说，文学并不只是为了艺术上的完美。

那么马克·吐温为什么让一个看似多余的人物汤姆·索亚回来呢？为什么在一部以成长为主题的小说结尾处让主人公回到少年天真的游戏状态，似乎他从来没有经历成长，从未离开小时候生活的家乡？

　　一个合理的解释是，作家不希望看到哈克经过了世事沧桑、尘世风霜之后，成为所谓看破红尘、老于世故的成熟的"小大人儿"。他希望这个少年虽曾经沧海，依然纯真如水。所以，尽管他写的是一部成长小说，却让主人公在结局处义无反顾地回到了过去的状态——承认汤姆孩子王的地位，跟随他做类似过去的游戏甚至恶作剧，尽管两个人对社会的认识和实践能力已经有了天壤之别。

　　这样，小说结尾部分和开头遥相呼应，都是孩子们的游戏。这个营救游戏是哈克重新回归天真的过程，小说结尾看似作家的败笔或多余之笔，实则反映了作家内心的愿望。作家希望珍藏天真，把他钟爱的人物定格为永远的少年。

第七章

亨利·詹姆斯：作家与个人生活

真实感（细节刻画的实在性）是一部小说的最重要的优点。

——亨利·詹姆斯：《小说的艺术》

只有在土壤深厚的地方，艺术之花方能盛开。有了漫长的历史，才可能有一点点文学。

——亨利·詹姆斯：《文学评论》

亨利·詹姆斯（Henry James，1843—1916），美国著名小说家、文学评论家，晚年加入英国国籍。代表作有中篇小说《黛茜·密勒》及长篇小说《一位女士的画像》《鸽翼》《使节》《金碗》等。

作家的生活看似散漫自由，实则是一种高度自律和需要很强自主性的生活。为了保持良好的写作状态，有些作家有自己的习惯。为了延续自己的创作生涯，很多作家有平衡文学写作和日常生活的良方。立志以写作为生，想要成为职业作家的人，甚至会有意规划个人生活，选择有助于成为作家的人生。

　　亨利·詹姆斯对个人生活的选择成就了他的文学创作，他塑造出了新的人物类型，发现了欧美文化冲突的主题。在他的文学生涯中，也曾遭遇过戏剧写作的失败。待他晚年重新回到自己擅长的小说创作，他完成了自己的三大杰作。他的经历为有志于写作的人提供了人生经验和教训。

写作的人生

作家之路与移居新发现

大多数人是在有了一定经历之后才想写作，这种写作是作者的人生经验和对社会生活的观察积累。一旦写作开始，为了保持写作的连续性、稳定性，就必须使自己的写作状态与现实生活拉开一定的距离，有意识地撤出现实生活，遁入自己的文学天地，让思绪自由飞扬。如果以写作为生，长久地维持作家生涯，则要养成一些能够促进写作的习惯，甚至有意识地选择人生道路。

亨利·詹姆斯很早就立志从事文学创作，他基于自己的个性和文学理想，选择了适合发挥自己的写作才能的生活方式。他的小说《黛茜·密勒》《一位女士的画像》和《使节》等显示了他写作技艺的不断精进，也是对他刻意选择移居生活的报偿。

生活成就写作

写作很枯燥，也很漫长。影响创作的因素有很多。作家的生活看似散漫自由，实则需要高度的自律和很强的自主性。为了保持良好的写作状态，延续自己的创作生涯，很多作家都有自己的方法。

就日常生活而言，有些作家有雷打不动的习惯。比如英国小说家查尔斯·狄更斯，他每天伏案写作、会客和散步都有固定的时间表。

在他写作的书桌上，"决斗的铜青蛙"和"小磁猴"一定要被摆放到位。他还习惯于快走散步很远的距离，有时甚至会走上十几英里，快步穿行在伦敦的大街小巷，既锻炼身体、活跃大脑，又边行走边构思，眼睛像摄像机一样扫描、记录看到的市井景象和人物剪影，快速记住一张张迅疾闪过的脸。再如日本作家村上春树，他坚持跑步，数十年如一日。东野圭吾人到中年开始学习单板滑雪。

在写作中，每一次开启新题材，也需要调整自己的状态。狄更斯完成一部小说之后，必定要离开伦敦，到别的地方去旅行、暂住一段时间，彻底丢开已经完成的作品，清空脑子，然后再开始下一部作品的构思和写作。

作品完成后，是作家受到批评或获得赞誉的开始。这是作品的公众生命，每一位作家都要有面对作品带来的赞誉或批评的准备。

作家有三条命。一是日常生活中作家的现实生命；二是写作中的生命，作家把经历过的生活写在文字里，在创作中再现生命体验，或者创造新生；三是在作品的流传中获得的生命延续，作品赋予作家生命的伸展和绵延，伟大的作家与时间同在。

有人把文学创作当成一种生活方式，一种人生态度，一种安身立命的职业，一种终生追求和信奉的事业。他为文学而生，他的阅读、交友、生活方式和居住环境，甚至恋爱、婚姻、家庭、工作等，都会因写作而做出相应的安排和调整。亨利·詹姆斯就是这样一位以写作为目标，注定要成为作家的人。

作家之路

亨利·詹姆斯的个人生活与创作都有鲜明的特色。他出生于美国，却不喜欢在本土居住，他三分之二的时间都生活在欧洲。他塑造的主人公多是移居欧洲的美国人，或者初到欧洲的美国人——他喜欢把人物带离美国，让他们来到欧洲。虽然富贵与名声兼得，他却终身未娶，亦未有浪漫绯闻。他的作品主人公甚少婚姻美满，他的年轻的女主人公性格都有些相似，他不写婚姻中的柴米油盐，也不写卧室里的夫妻生活。他朋友众多，却至交寥寥。他笔下情景突转、风起云涌处，往往发生于人物独处时。

这些事实表明，詹姆斯选择了一种高度自律、刻意为之的生活方式。他把自己看成这个世界的观察者、社会和家庭生活的局外人。他乐于观察和感受周围的世界，而不是投身其中，甚至不愿受日常俗务的羁绊。他自觉地规划他的文学生涯，安排他的个人生活，满足于做一个现实生活的旁观者。

他这种人生态度和写作理念的形成有多重原因。

詹姆斯出身名门，其家族在美国的历史始于他的祖父威廉·詹姆斯。祖父去世时，为父亲老亨利·詹姆斯留下了足够多的财富。因此，詹姆斯在童年时期过着一种闲适富足的生活。相对于人们在现实生活中的挣扎，他更关注人们的精神体验。老詹姆斯像当时许多富豪一样，酷爱到欧洲大陆游历。在小詹姆斯出生仅六个月时，父亲便携全家远赴英国。多次的越洋游历培养了作家对古老欧洲文化的热爱。

老詹姆斯的教育理念十分独特。他想让孩子们见识多样的教育方式，使他们成为真正意义上的世界公民。按照这一理念，小詹姆斯除了在幼儿时期即被带到欧洲各地游历，到了上学年龄，他更是经常从一个学校转到另一个学校，不断变换学校和教师。可以说，少年时期的亨利·詹姆斯是个"宾馆里长大的孩子"。住所和学校的不断变化对他的性格影响甚大：这一方面让这位未来的作家见多识广，极早就领略了古老的欧洲文明和新兴的美国文化的差异；另一方面却也使他变得性格内向，没有长期交往的小伙伴，凡事喜欢观察而较少参与。

他习惯于站在一旁观看别人的活动，以观察与默想为乐。他的家人、亲戚以及父亲书房里往来不息的拜访者都是他静静观察的对象。他把自传的第一卷命名为《一个男孩和其他人》，书中描绘了他少年时爱待的位置——站在自己房间的窗户后面，眼神闪烁着观望外面的世界。作家在少年时代就有意将自己和周围的人分隔开来，独自欣赏周围的风景。在总结自己的创作艺术时，他说："小说家在小说这幢大厦中的位置最多只是站在窗口观看而已。"①

詹姆斯选择单身生活，很大原因在于他对家庭生活的观察与对婚姻的理解。他的传记中记录了这样一件事：一天晚上，父亲要去哈佛大学演讲，母亲送他出门，临上马车时，母亲特意检查了父亲的口袋，确保他把演讲稿带在身上。在一般人看来，这一幕应该是夫妻和睦的画面。詹姆斯却觉得，婚后的男人对女人依赖性太强，好像离开了女人就无法独立生活。他把爱看成对生活的威胁，认为婚姻中的男女从对方身上获取力量与支持，又变得相互依赖，从而难以独立自主。对女人的恐惧与崇拜是贯穿詹姆斯作品的隐性主题。在他的作品

---

① JAMES H. The art of the novel. New York：Harper & Row，1934：46.

中，婚床在某种意义上就是终结与死亡。① 由于事业心太强，又把个人自由看得很重，詹姆斯对待婚姻的态度可能有些奇特。

他的身体状况也是他终身不婚的原因之一。他年轻时因为骑马摔伤，背部曾经受了一种可怕又难以名状的伤。很多时候，他不得不卧倒在沙发上忍受痛苦。这并不是说他身体不适合婚育，但与他选择单身生活多少有些关系。② 如果他对自己未来的事业追求有很高的期望，准备全身心投入其中，他就必须充分利用有限的精力。

詹姆斯之所以从事小说创作，除了天赋和兴趣之外，也与他的父亲和兄长的潜在影响有一定关系。父亲老亨利·詹姆斯是位哲学家，兄长威廉·詹姆斯是著名的心理学家，影响广泛的"意识流"概念即来源于他。威廉·詹姆斯从其祖父之名，亨利·詹姆斯从其父名，所以，他40岁以前的所有作品，包括《一位女士的画像》在内，署名都是小亨利·詹姆斯。在1882年老亨利·詹姆斯去世之前，父子的名字经常同时出现在美国当时著名的《大西洋月刊》上，极易引起混淆。终其一生，作家都抱怨父母取名不当，没给自己一个恰当的名字。

他是不是为了避开父兄已经建立了显赫声名的哲学和心理学领域，而选择了文学这一不同的道路？这是一个有趣的问题。在他的潜意识中，肯定存在这样的想法：避开父兄的影响，选择能够发挥自己特长、可以独自闯出一片天地的领域。如此杰出的父兄一定是鞭策他

---

① EDEL L. The life of Henry James. New York：J. B. Lippincott Company，1965：16.

② 同①17.

在自己选定的领域做出突出成就的巨大动力。家族成员之间的才智竞赛并不罕见。他的小说有哲学意味，他也擅长心理描写。所以，如果选择哲学和心理学，也许他也可以有所成就。然而他选择全身心投入文学创作。他严肃地对待文学创作，绝不容忍自己做平庸的小说家。

当他决定把文学当作自己的毕生事业时，便自然而然地把目光投向了欧洲。欧洲和美国的历史与文化氛围差异很大。有钱的美国人到欧洲游历，美国作家旅居欧洲写作，这在当时是一个普遍现象。詹姆斯自幼的生活经历使他关注人的精神体验，向往那种文化氛围浓厚、历史积淀久远的社会环境，喜爱大都市繁华的景象、闲适的情调以及精雕细刻的艺术风格。而忙忙碌碌的美国社会显然不符合他的文学理想。1876 年，詹姆斯移居伦敦。对詹姆斯而言，这一选择既是他的个性使然，也是其文学理想的必然。

移居生活的新发现

对欧洲文化的特殊热爱、强大的内在驱动力，再加上莫名其妙的背伤以及奇特的婚姻观，所有这些共同影响了亨利·詹姆斯对个人生活的态度。他选择了一种有效的生活方式，投身到立志做出一番成就的文学事业中去。

置身于欧洲人中间，他总觉得自己是局外人。通过对欧洲人和美国人在社会交往中行为差异的认真观察，他对欧洲背景下美国人的个性有了深刻的理解。詹姆斯找到了适合自己的创作视角，那就是在欧洲背景下，以一个初来乍到的美国人作为主人公，在对理想命运的探索和追求中，通过与周围欧洲化了的美国人以及英国人、法国人、意大利人等的接触、交往乃至冲突，展示各自的性格和思想。移居海外使詹姆斯获得了比在故乡本土更为清晰的视角，他由此观察到了欧美两个大陆、两种文化的冲突。

与他的创作理论和生活态度相对应，詹姆斯在不同时期的作品中，总会塑造和作家经历相似的观察者人物形象，比如他的成名作《黛茜·密勒》中的温特伯恩、他的早期经典《一位女士的画像》中的拉尔夫，以及巅峰之作《使节》中的斯特瑞塞等。这些观察者既有共同的特点，又反映了不同时期詹姆斯对社会人生的观察和对文学创作的体会。

除了前后期的小说创作，詹姆斯的文学生涯中期还有一段为期五年的戏剧创作时期。这段创作经历直接的原因在于，小说创作虽然为他赢得了名声，却没有带来满意的收入。于是，他想尝试戏剧写作。然而，这种需要直接面对观众、以对话为主要表现手段的艺术形式，不适合一向习惯静观独语的詹姆斯。他的戏剧曾在演出现场被喝倒彩。这一时期是他创作的低谷，也是他创作上的迷失。

这一段经历被当代英国小说家戴维·洛奇写进了以詹姆斯为主角的传记小说里。小说名为《作者，作者》，主要写詹姆斯这一时期的经历，以及他如何吸取教训，开始晚年三大杰作的创作。爱尔兰作家科尔姆·托宾的《大师》也是从詹姆斯的戏剧创作失败开始写起，描写此后四年詹姆斯对自己过往人生的回顾和对前路的探索。1895 年，已经被后辈作家称为"大师"的詹姆斯梦想用一部戏剧征服伦敦，却在第一出戏首演当晚即告失败。《大师》描写作家的困顿和迷失，在他自认为艺术娴熟、最能写出传世之作的时候却遭遇绝望，需要重新寻找突围之路。

五年后，詹姆斯重新转向小说创作。在此过程中，他重建自我，并为进入创作巅峰做好了准备。优秀的作家不但要了解自己熟悉和擅长的领域，也要知晓自己不熟悉和不擅长的文体。对于詹姆斯，这是一个切实的教训。

亨利·詹姆斯善于总结自己的创作经验，他对现实主义传统进行了新的阐发，使其表现的内容由客观的外部世界转向了人物的内心世界。在他之前，小说写作以现实主义为主。在他之后，作家不仅注重外在现实的描写，更注重对人物心理的刻画。詹姆斯是现实主义和现代主义之间的桥梁、心理现实主义小说的奠基人。他让小说家成为时代和社会的观察者和分析家，而不是传统意义上的书记员和记录者。作为小说家，他自觉地探索小说的写作技巧，把创作变成了一门艺术。因此，亨利·詹姆斯又被称为小说艺术家。

新技法 新形象

《黛茜·密勒》的小说艺术与独立新女性

《黛茜·密勒》是亨利·詹姆斯的成名作，这部中篇小说描写了美国姑娘黛茜·密勒在欧洲的不幸经历。小说通过久居欧洲的美国青年弗瑞德里克·温特伯恩的观察展开故事，既塑造了独立自由的新女性形象，又展示了旁观者视角的艺术效果。这是詹姆斯移居欧洲之后的初期成果。

小说的艺术

《黛茜·密勒》中，男女主人公相遇在旅游胜地瑞士小镇韦维的"三顶皇冠"酒店的花园里。久居欧洲的美国人温特伯恩先邂逅美国男孩冉道尔夫，后又遇到其姐姐黛茜。黛茜活泼大胆，举止动人。但是，当她邀温特伯恩陪她到附近的锡庸城堡观光时，温特伯恩一方面为姑娘的天真无邪感到惊讶，另一方面又为她母亲管教不严而觉得不可思议。按照当时的欧洲风尚，未婚女孩在公共场合必须有母亲或其他家人陪伴。

几个月后，温特伯恩又在罗马遇到了黛茜。此时，这位任性的美国姑娘正因为经常和一位三等意大利人乔万尼利出入公共场合，在当地的美国人圈子里引起轩然大波。但她丝毫没有意识到自己这种不拘小节的交往方式所引起的流言蜚语。她对异地风俗不屑一顾，对他人意见置若罔闻，这就更加凸显了她独立执着的个性。后来，温特伯恩遇见了傍晚时分还在古罗马广场漫步的黛茜和乔万尼利。他对黛茜的不够谨慎感到困惑，因为依照他的科学的观点，让黛茜迷恋的所谓历史气氛，不过是一种厉害的瘴疠之气。从卫生的角度看，一个娇弱的年轻姑娘在这个疟疾窝里度过黄昏显得多么不明智。如果停留时间太长，还有死于瘴疠的危险。他礼节性地表达了自己的担心，但黛茜陶醉于月光下的古迹遗址，拒绝了他的劝告，执意和乔万尼利一起待到深夜。几天后，她染病去世。

小说的女主人公黛茜·密勒通过温特伯恩被引入读者的视野。故事由他在酒店花园偶遇黛茜开始，到他参加黛茜的葬礼之后的第二年夏天依然难以释怀结束。他对黛茜的好奇心成为推动小说情节发展的主要动力，他在不同地点、从不同人物那里对黛茜的所见所闻构成了小说的主要线索。他引导读者追随主人公的行为，揣度她的心理，让读者知道作家想传达的故事内容。

小说中，温特伯恩自始至终对女主人公抱有浓厚的兴趣。第一次见面时，黛茜声称她不喜欢当地的社交，因为她在美国时一直和许多男人来往。她的这种表白让"可怜的温特伯恩感到有趣、迷惑，也肯定有点陶醉。他还从来没听见过一个年轻姑娘这样表白她自己"①。对于黛茜，他一直试图克服成见，建立自己的判断，却又不可避免地受到根深蒂固的保守观念影响，不断动摇自己刚刚建立起来的信心。

---

① 詹姆斯．黛茜·密勒：亨利·詹姆斯中篇小说选．赵萝蕤，巫宁坤，杨岂深，译．上海：上海译文出版社，2007：12.

到了罗马，当他自信对黛茜有了一定的了解，正准备如约去拜访她的时候，他姑妈告诉他"黛茜·密勒被六七个漂亮的胡子包围着"，这个消息暂时遏制了他想马上去看望黛茜的冲动。

温特伯恩在不同人物之间往来穿梭，与所有人对话，各个人物又都在对话中表明自己对黛茜的看法，传播道听途说的消息，形成了多个人物相互传言和对话的效果。在众声喧哗中，所有人的看法和观点都反映到他的意识中，他甄别、调整、对照、梳理，却对所有观点都持不置可否的态度，他在构建自己的观点和接受别人的影响之间左右摇摆，结果是对自己产生不信任，随时有与周围人妥协的可能。这也造成了小说中黛茜形象的飘忽不定。

这篇小说采用了温特伯恩这一有限视角，他对女主人公的兴趣、观察和思考构成了故事发展的动力和人物塑造的主线。但是，由于他无意介入女主人公的生活，无意干预她的行动，因此他的所见所闻多受限制。除了温特伯恩的观察，黛茜的形象还通过诸多人物的反衬凸显出来。

詹姆斯将这些反衬角色称为提线人物。这种人物和视角人物关系亲近，可以从不同的角度提供视角人物难以提供的信息。视角人物温特伯恩和这些提线人物在不同场合相遇，通过他的移动连接起不同的视点，将它们连成一条线，使小说的每一部分都统一起来。小说中，黛茜的弟弟冉道尔夫、温特伯恩的姑妈考斯泰洛夫人、"一个惯于冷嘲热讽的同胞"、沃格太太，以及意大利青年乔万尼利等，都可被视为提线人物。通过温特伯恩与这些人的交往，这些人的不同观点得以不间断地串联起来，为温特伯恩提示了黛茜形象的不同侧面。

黛茜九岁的弟弟冉道尔夫最先向温特伯恩介绍了自己的姐姐。在温特伯恩说美国女孩是最好的女孩时，冉道尔夫却不以为然，因为他姐姐总是跟他发脾气。黛茜的倔强性格开始显露。当时，上流社会的女士和男士说话时，要态度矜持，不能说太多；出门必须由母亲或仆人陪同；和男性仆人说话时，必须显出等级差别，不可语气随意。按照这套规矩，黛茜显得十分粗俗、不知廉耻、一味任性，这是考斯泰洛夫人给她的评语。"一个惯于冷嘲热讽的同胞"则告诉温特伯恩说，美国女人既苛刻又不懂得感恩。还有，未婚女士不得与男人在大庭广众之下并肩行走，更不得与男人单独相处到很晚，沃格太太由此判定，黛茜是个"轻佻"的女孩。

这些人作为提线人物，反衬、补充和丰富了温特伯恩的视角。通过这种反衬，我们一方面可以了解当时的社会风尚，看出黛茜引起众怒的原因；另一方面依次获得了关于黛茜的信息，从而构建出黛茜的不同形象。

提线人物的作用有赖于油灯场景的存在，油灯场景是詹姆斯小说创作艺术的另一个重要概念。詹姆斯的油灯场景指的是人物置身其中的社会场合，所谓油灯，指这种场合所发出的光亮，会充分显示相应场合所包含的色彩和主题意义。小说中，瑞士小镇的"三顶皇冠"酒店、大街上的品钦花园、罗马的沃格太太的客厅、月光下的古罗马广场，乃至黛茜去世后下葬的新教墓地等，构成了一系列的场景系统，从不同方面丰富着对人物的塑造。

小说设置了五个主要的油灯场景。第一个场景是瑞士的韦维小镇上美国游客喜欢旅居的著名的"三顶皇冠"酒店。一个美丽的夏天的早晨，早餐后的酒店花园里，温特伯恩和黛茜初识。在湖光山色的映衬下，黛茜的美貌引人注目。"她坐在那里，那双非常漂亮的手上戴着闪闪发光的戒指，合抱着放在膝上，她那双漂亮的眼睛时而望着温特伯恩，时而望望花园、花园里过路的人和美丽的风景。她和温特伯恩说着话，好像彼此已认识了很久。"① 这是适合陌生男女相识的地方和环境，两个人对彼此都颇有好感。

第二个场景是大街上热闹的品钦花园，黛茜在温特伯恩和乔万尼利的陪伴下散步其中。在温特伯恩看来，黛茜的表现既"放肆"又"单纯"，而到了沃格太太那里，这种行为则被认为是在自我毁灭。

第三个场景是罗马的沃格太太的客厅。由于黛茜不听劝告，坚持带自己新结识的男友出席沃格太太的晚会，惹得沃格太太很不愉快。在黛茜向她道别时，沃格太太却转过身，对她视而不见，并且宣布不许黛茜再到她的客厅来。黛茜和当地美国人的冲突终于爆发了。从此，黛茜被社交界彻底拒于门外。

第四个场景是夜里十一点，月光下的古罗马广场。温特伯恩看到黛茜和乔万尼利一起在那里待到深夜。虽然他明知她处在危险的环境中，却止步不前，因为一个单身姑娘和一个男士深夜待在一起令人感到不可思议。他因此认为黛茜不值得尊重。这是温特伯恩对黛茜的最后一望。

黛茜的墓地构成了小说的最后一个场景。温特伯恩和其他几个送葬的人站在那里，有一番关于黛茜的对话。

---

① 詹姆斯.黛茜·密勒：亨利·詹姆斯中篇小说选.赵萝蕤，巫宁坤，杨岂深，译.上海：上海译文出版社，2007：11.

　　　　靠近他站着的是乔万尼利，在温特伯恩快离开时他靠得更近了一些。乔万尼利脸色苍白：这一次他的纽扣洞里没有插花朵；他好像想说什么。最后他说，"她是我生平见过的一位最漂亮的年轻小姐，也是最和蔼的；"过了一忽儿他又说，"而且她也是最清白的。"

　　　　温特伯恩望着他，不久还重复了他的话，"而且是最清白的吗？"

　　　　"最清白的！"

　　　　温特伯恩感到痛心而愤怒。[①]

　　从对话中，温特伯恩知道了她在意大利人乔万尼利眼中的形象，知道了黛茜绝不会和乔万尼利结婚的真相。她坟茔上的野菊花丛昭示着她卓尔不群的鲜明个性。

　　小说从韦维小镇开始，随着视角人物的视线依次引入几个场景，拓宽、丰富了视角人物的色彩和主要人物的活动背景与空间。如果说小说试图描摹女主人公的肖像，那么这些场景则赋予了黛茜·密勒这幅肖像以色彩和光线，丰富了肖像的表现效果。视角人物、提线人物和油灯场景的运用，体现了詹姆斯对小说艺术的钻研和成就。

独立新女性与国际性主题

　　《黛茜·密勒》的成功之处在于亨利·詹姆斯塑造的同名主人公形象：在古老而世故的欧洲文明背景下，初来乍到的黛茜显得不谙世

---

① 詹姆斯．黛茜·密勒：亨利·詹姆斯中篇小说选．赵萝蕤，巫宁坤，杨岂深，译．上海：上海译文出版社，2007：76.

故、大胆任性，她也因而展现了新大陆女性清新自然的形象。那个时代，大家熟知的女性形象如简·奥斯汀笔下的伊丽莎白、福楼拜描写的包法利夫人、夏洛蒂的简·爱等，都是以爱情和婚姻作为人生目标，以与丈夫或恋人的关系作为归宿，以获得家庭生活幸福作为中心。黛茜显然不是这样的女性。她性格坚定，独立决断，崇尚自由，以探索世界、体验人生为目的。无论对于当时的社会来说，还是在文学作品中，她都是一名新女性。对于欧洲读者来说，她是来自新大陆的新人类。

通过黛茜与视角人物温特伯恩的对比，詹姆斯揭示了以黛茜为代表的美国新大陆文明和长期旅居欧洲的美国人所代表的古老世故的欧洲文明这两种不同文明的冲突。"前者象征无辜、诚实和对生活的热爱，后者代表一个充满神秘和矛盾的复杂社会。"①

小说塑造了新的女性形象，揭示了国际性主题，这是作品对文学的新贡献。不过，根据小说视角人物的看法，他始终分不清楚黛茜·密勒到底是卖弄风情还是天真纯洁。这篇小说有一个有意思的现象：作家对视角人物的着墨远多于对女主人公的描写。从作家的角度看，在塑造黛茜·密勒这个女性人物的同时，他也十分在意这篇小说中作为视角人物存在的温特伯恩的看法和思想变化。

这一视角人物的运用效果显著。它至少起到了三个方面的作用：第一，成功塑造了黛茜这个来自新大陆的全新女性形象。第二，完成了视角人物的自我塑造——他由于在欧洲居住时间太久，难以理解来自大洋彼岸的同胞。第三，视角人物对女主人公模棱两可的态度设置了

---

① MARKOW T G. Henry James. New York：Minerva Press，1969：26.

作家与批评家之间的安全距离。如果这一人物塑造受到好评，自然皆大欢喜。如果这一形象不被认可和接受，也可以托词为视角人物的立场使然，与作家本人无关。这一视角人物的设置，似乎是作家为自己辩护、开脱的安全机制。

温特伯恩身上体现了詹姆斯笔下男性人物形象的几个共同特征：旁观者、单身、移居海外的美国人等。所以，我们可以理解为，视角人物的形象和态度与作家的契合，既是作家对自我形象的塑造，也是作家为自己创作的新素材、新形象探路。温特伯恩将自己不能理解黛茜的原因归结于自己长期的异乡生活，并为此产生了一种隐隐的忧虑。这多少代表了詹姆斯在这一时期的思想状态。此时，他定居英国刚刚两年，对国际性主题尚信心不足，对黛茜形象的塑造也并无把握。

事实上，《黛茜·密勒》为詹姆斯赢得了国际声誉。黛茜是詹姆斯塑造的崭新形象，他通过视角人物、提线人物、油灯场景等精湛的艺术手法，利用旁观者视角对国际性主题有了新发现和独特表达。小说的成功证明了这一选择的正确性，詹姆斯也因此增强了信心。随后，一系列海外观察者的形象陆续出现在他的笔下，在《一位女士的画像》和《使节》中，这一形象得到了不断的发展和完善。

旁观者成为主角

作家的秘密与"使节"的觉悟

《一位女士的画像》是詹姆斯的国际性主题小说的代表作之一。和黛茜·密勒一样，女主人公伊莎贝尔·阿切尔同样是一位欧洲社会人情世故的受害者。小说中引人关注的观察者是伊莎贝尔的表兄拉尔夫·杜歇。如果说年轻的温特伯恩还为自己久居海外感到隐隐不安的话，那么詹姆斯三年以后塑造的这位观察者则乐于把英伦当故土，心安理得且兴趣盎然地欣赏"一位女士的画像"。拉尔夫还通过自己的力量，助力了这幅"画像"的完成。

《一位女士的画像》：作家的心爱之作

小说《一位女士的画像》在结构上分为两部分，前半部分描述伊莎贝尔的性格特征和她对三个求婚者的态度，后半部分写她的婚后生活，她的妥协、抗争与抉择。

伊莎贝尔是一位心气很高、热情洋溢的美国姑娘。成年之后，她被姑姑杜歇夫人带到英国。她酷爱自由，渴望独立面对人生，想要自主选择命运。她拒绝了一个又一个求婚者，包括精力充沛的美国青年企业家卡斯帕·戈德伍德，以及温文尔雅的英国贵族沃伯顿勋爵。杜歇先生去世后不久，伊莎贝尔成了有钱的女继承人。她的不幸也由此开始。其后，她结识了姑姑的朋友梅尔夫人。梅尔夫人阅历丰富，精于世故，属于詹姆斯笔下典型的久居国外的美国人。她引见伊莎贝尔与吉尔伯特·奥斯蒙德相识，后者是完全欧洲化了的美国人，他与女儿帕茜共同生活在佛罗伦萨一座艺术氛围浓厚的小别墅里。在伊莎贝尔眼里，他是位失意王子，需要她的拯救，她自认为找到了体验自由的途径，不顾表兄拉尔夫的劝阻，与奥斯蒙德结了婚。

婚后，伊莎贝尔发现了令她震惊的事实：梅尔夫人原来是奥斯蒙德的情妇，帕茜是他们两人的孩子。梅尔夫人极力撮合他们的婚姻，目的是为帕茜找一个有身份的母亲。伊莎贝尔认清了生活的真实面目，也认清了丈夫的本质。丈夫极力想让她屈从于自己的意志，而她个性坚强，不易屈服，两人的生活陷入僵持状态。这一切都证实了她表兄拉尔夫敏锐的观察与忠告。后来，拉尔夫重病不起，伊莎贝尔不顾奥斯蒙德冷冰冰的警告与阻拦，执意前往英国探视表兄。死神迫近，拉尔夫向她表白自己的爱情。伊莎贝尔面临不同的选择：她可以留在英国；也可以返回美国，美国青年戈德伍德一直在等着她；她还可以回意大利。经过内心剧烈的斗争，她极有可能返回丈夫身边。

拉尔夫是小说中和蔼可亲、令人愉快的人物。他在故事开篇便顽症缠身，打消了诸如求爱结婚等念头：

> 他的日子已屈指可数，他必须清醒地看到这点，但这也是向她表明，他应该按照这种预见，尽可能满意地利用这段时间。他的各种机能眼看就要消失，因此单单能够使用它们已成为无上的欢乐，而他认为，冥想的乐趣是从来不容怀疑的……她显然不是枯燥无味的。有一个声音告诉他，如果他喜欢冥想，那

么这就是足够他冥想许多天的人物。不妨挪要说明一下，在拉尔夫·杜歇那被压缩了的生活纲领中，爱的理想——这与被爱是有区别的——仍占有一席位置。他只是禁止自己有任何强烈的表现。①

他从容不迫、心安理得地扮演着一个旁观者的角色，以极大的耐心和无限的兴趣关注着自己的表妹，他的心愿便是看着她经历人生、实现抱负。虽然他深深地爱恋她，但他爱而不语，自始至终满足于做她忠实的旁观者与可靠的朋友。

为了帮助她实现追求自由的理想，拉尔夫说服了父亲将遗留给自己的一半财产秘密转到了她的名下。拉尔夫旁观人生，深藏所爱，乐于奉献。他见证了"女士画像"的整个描绘过程，他的病逝为"画像"涂上了浓重的一笔。小说从伊莎贝尔被带入拉尔夫的视野开始，到他的去世结束。他的体验和观察贯穿始终。小说中女主人公的婚姻完全是圈套和陷阱。相反，伊莎贝尔与其表兄的关系则被作家描绘得纯洁又美好。这很容易使人联想起詹姆斯对婚姻的见解。

通过观察者形象的设置，詹姆斯既写出了新女性的性格发展，也隐藏了作家的内心秘密。他年轻时爱恋过自己的表妹密妮·坦布尔。两人曾经相约 1869 年在欧洲会面。当时，詹姆斯去国已一年有余，正忙于游历欧洲，搜集素材，锤炼自己的写作艺术。而密妮在家乡却肺病缠身，次年病逝。这对詹姆斯是沉重的打击。

表妹的不幸早逝成了詹姆斯小说创作重要的灵感源泉。在作家的

---

① 詹姆斯. 一位女士的画像. 项星耀，译. 北京：人民文学出版社，1984：44.

思想中，一位拥有梦想、渴望尽情生活却被剥夺了一切机会的女子成为一种文学原型，促使他对人生和命运有了更深切的认识，并使他终身思考其真正的含义。

经过作家的感情沉淀，九年之后，密妮化作了《一位女士的画像》中的女主人公，她"如约"从美国来到了英国，又到了意大利，尽情地展示了自己的人生。小说男主人公死于肺病，表妹守在他的病榻前，直到临终。而在现实中，却是表妹受尽疾病痛苦，告别人世时，詹姆斯远在异域，致力于文学事业。詹姆斯巧妙地将不治之症转移到了小说中作为旁观者的人物身上，让无私的拉尔夫患上了密妮的病症，而使伊莎贝尔避免了密妮的命运。这样的角色互换使作品的女主人公伊莎贝尔帮助詹姆斯了却了他的愿望，为他弥补了一份遗憾。

詹姆斯的表妹密妮性格奔放热烈，热情洋溢，具备作家笔下的许多美国女性都明显具有的性格特征，包括黛茜·密勒及作家后期作品《鸽翼》中的密妮·蒂尔等[1]。在这几部小说中，总有一位青年男子站在一旁对女主人公怀有强烈的好奇心，给予理解和同情。这位男子也许就是詹姆斯的化身。

通过创作这样一部小说，詹姆斯完成了表妹要看世界的梦想，同时也永久地在自己的想象中拥有了她。而拉尔夫这位"画像"欣赏者形象的塑造，也为詹姆斯本人在现实人生中找到了适宜的位置。詹姆斯以这样的方式"既能分享女主角的浪漫视角，又可以凭借客观的视

---

① EDEL L. The life of Henry James. New York：J. B. Lippincott Company，1965：75.

角脱身"①。《一位女士的画像》是一本满足作家兴趣与想象的心爱之作，也是一部了解作家性格与青春记忆的令人回味的作品。

《使节》：旁观者的觉悟

小说《使节》被公认为詹姆斯的代表作。这是他戏剧创作失败后吸取教训，重新回到国际性主题和旁观者视角的一部重要作品。

小说通过中年人的视角，写年轻人的故事，写出了作家的中年意识与他对旁观者角色的反省。美国人斯特瑞塞接受家资丰厚的寡妇纽瑟姆夫人的委托，奉命到巴黎召她儿子查德·纽瑟姆回美国。小说开始，他代表着责任与原则，要尽职尽责地完成使命。到达巴黎后，他发现查德这个昔日莽撞的小镇少年已变成一位性情平和、举止优雅的都市青年。查德交往的朋友中包括一位青年艺术家和一位法国贵妇人。显然，他在国外的生活对他有益。

主人公斯特瑞塞对他的使命并不急就，他逐渐对巴黎产生了兴趣，他的思想也随之发生改变。在他看来，查德不再是一个误入歧途而需要被挽救回家的青年；相反，一个绚丽多姿的世界正展现在这个年轻人面前，不知道他能否把握这个机会，充分领略生活的魅力。于是，斯特瑞塞不仅无意完成他作为使节的任务，反而试图说服查德继续留在巴黎。因为他有辱使命，所以，纽瑟姆夫人又派其女儿、女婿前往，继续劝说儿子。最后，查德意欲返回美国，履行自己对家庭的责任。

---

① CHASE R. The American novel and its tradition. New York：Gordian Press，1957：119.

小说最打动人心之处在于，斯特瑞塞在艺术家的花园里对年轻人发出的忠告：

> 你还年轻，你应该因此而感到高兴，并且不辜负青春时光。你可要尽情享受人生，如果不这样便是大错特错。重要的不在于如何享受人生，只要享受人生就行。如果你从未享受人生，那么你这一辈子还有什么意义？这个地方以及查德和查德那里见到的人与人的印象尽管有点平淡无奇，但总的说来对我还是有所启迪，并深入我的内心之中。我现在明白了，我以前没有尽情生活。但现在我已经太老了，明白这一切已为时过晚……只要不犯类似我这样的错误，你想干什么就干什么。因为这的确是一个错误。享受人生吧！①

他想要表达这样的内心愿望：在年轻人的自由中，他得到了一种分享自由的精神享受。这是他为查德感到欣慰之处，亦是他劝其留下的初衷。

小说中有一天，斯特瑞塞放松自己来体验自由。他随意乘车到乡下，寻找他在拉宾绘画中看到的法国景象，聊以逃避他一直以来如列车时刻表一般的刻板生活，并体会自己对自由的感悟。他甚至连火车把他带到哪里都不甚在意。对他来说，这是他几十年循规蹈矩的人生中难得的闲暇。

作为使节，在对其使命的态度转变中，斯特瑞塞领略了巴黎生

---

① 詹姆斯. 使节. 敖凡，袁德成，曾令富，译. 成都：四川人民文学出版社，1988：151-152.

活，体验了自由，感悟到他所谓的人生真谛。他从一个感兴趣的旁观者转变为积极的参与者。他以自己的方式，在一定程度上也算真正地"生活"了。这部作品反映了詹姆斯小说的一贯主题，即天真的美国观念与复杂世故的欧洲价值观之间的冲突。斯特瑞塞代表天真，他原以为查德因为热恋贵妇人的女儿才不肯回家，后来发现他真正交往的对象是代表欧洲世故和经验的贵妇人，她才是改变查德的真正原因。这一次，欧洲经验教育和改变了美国人。

小说通过斯特瑞塞的观察完成，旁观者成了这部小说的主角。其核心意义在于：斯特瑞塞对其使命的背叛缘于他对自由的理解，以及他的生活观念的转变。这种转变只能通过他的意识活动来完成。小说反映了斯特瑞塞这位天真拘谨的美国人在新环境中的变化，反映了他对生活、对自由有所感悟的心理过程。他体会到两种不同价值观念之间的冲突，因此经历了一场精神上的启蒙。

《使节》是一部用旁观者视角叙述的杰作，代表了詹姆斯叙事艺术的巅峰，也是他本人认为自己创作的最完美的艺术精品：

> 我确信，一部作品的主题可以说是会闪闪发光的，而《使节》的主题则从头到尾都闪烁着这种光辉。我坦然承认，我认为在我所有的作品当中，它是最上乘，"最完美"之作。①

詹姆斯放弃了全知全能的叙述特权，而乐意让斯特瑞塞自由探索，让读者随斯特瑞塞去感受和体验。他不但使小说结构有了中心，

---

① 詹姆斯.作者自序//使节.敖凡，袁德成，曾令富，译.成都：四川人民出版社，1988：3.

而且会驾驭作品的其他部分，使故事中所发生的一切都必须通过斯特瑞塞的意识反映出来。

让书中的人物作为作品的中心意识展开叙述，可以称得上詹姆斯对小说艺术的一大贡献。斯特瑞塞作为具备中心意识的人物，小说的发展局限于他的观察，书中的其他人物与场景都通过他的眼睛和思想呈现出来。全书如一幅幅流动变幻的画面，随着斯特瑞塞的意识活动，渐次展示在读者面前。读者看到了他的行为，认识了他身边的其他人物形象，同时又处于比他本人更为有利的观察角度，理解了促成他思想转变的原因。斯特瑞塞是站在窗口的人，他观看窗口里的巴黎。读者不仅通过他看到了窗口里的巴黎，也看清楚了站在窗口的观看巴黎的人，在不知不觉间随之身临其境，见其所见，闻其所闻，完全没有觉察到这是作家高超精湛的创作艺术手法使然。

如果我们把这种理解延伸到作品之外，从作家这个角度可以看到，书中主人公斯特瑞塞和晚年将至的作家詹姆斯对生活的感悟亦有相似之处。斯特瑞塞言语之中流露出生活太迟之意，殷切希望年轻人把握生活，抓住机会，谁又能说这不是作家对自己的鞭策与激励呢？他的戏剧尝试虽然丰富了他的写作技巧，却也浪费了他宝贵的创作时间。20 世纪初的四年间，詹姆斯接连写出了三部巨著。谁又能说他这不是在奋力追回逝去的岁月呢？

写作《使节》时，詹姆斯应该在审视总结自己的人生。此时，他已在伦敦定居多年，并享有很高的艺术声望。他想要说服读者，也说服自己：定居欧洲是一个明智的选择，这让他把握住了人生真谛从而得以尽情地生活，而且成就了他作为文学艺术家的梦想。作品的成功可以看作詹姆斯敏锐观察力与移居生活的至高报偿。

　　小说中有两个有趣的现象：欧洲背景不再是天真的美国人受伤害的遗憾之地，而成为催人醒悟之所在。这表明詹姆斯肯定了自己的移居生活。再就是，如果斯特瑞塞不辱使命，将查德劝回美国，他则有望与纽瑟姆夫人结婚，进而颐养天年，安度余生。然而，詹姆斯挥笔斩断了这可能的姻缘。写到小说正中间，斯特瑞塞改变了对使命的看法，因而也彻底断送了享受婚姻生活的可能。詹姆斯习惯于把他的旁观者写成单身汉，他的三部作品中的三个旁观者都是移居异域的独身者。这不能说是纯属巧合。

　　作家的创作具有连续性，而且有明显可循的发展轨迹和线索。《使节》与《黛茜·密勒》的不同在于这种连续性的不断深化。从温特伯恩到拉尔夫，再到斯特瑞塞，可以说，作家在塑造这些视角人物的同时，也在试探、验证自己的人生经验，肯定自己的人生选择。他通过作家与视角人物的关系，试探这个世界，寻找自己的定位。

　　詹姆斯作为一位追求完美的艺术家，有意识地按照自己的个性安排自己的生活方式，并将其融入创作实践与理论思考之中，创造了承前启后的艺术风格，将国际性主题小说写到了至深、至精处。作品中的视角人物是他的代言人，作家通过对这类人物的塑造，塑造了作家的自我形象。为了维持理想的文学创作状态，詹姆斯克制情感，约束自己的生活，达到了文学创作和现实生活的平衡。做了一世观察者的亨利·詹姆斯在文学史上赢得了恒久的主角地位。

第八章

菲茨杰拉德：作家与时代

于是我们继续奋力向前，逆水行舟，被不断地向后推，直至回到往昔岁月。

——菲茨杰拉德：《了不起的盖茨比》

一切好的写作都是水下游泳，你必须屏住气息。

——菲茨杰拉德：《崩溃》

弗朗西斯·菲茨杰拉德（Francis Scott Fitzgerald, 1896—1940），20 世纪美国著名小说家。主要作品有《人间天堂》《爵士乐时代的故事》《了不起的盖茨比》《夜色温柔》等。

作家与时代相生相依。时代孕育作家，作家捕捉时代气息，描摹时代特征。源于自身经历和时代环境而获得的成功必定影响作家的现实生活和自我认知。作家要能够挣脱个体存在和时代的局限，赋予作品以超越时代的品质和意味。

菲茨杰拉德的写作和个人生活体现了美国"喧嚣的 20 年代"的典型特征。他的作品取得了巨大成功，他在现实生活中却感到落寞与迷失。莎士比亚的作品取材于特定时代，却闪耀着穿透岁月的魅力。两位不同时期的作家提供了关于这个议题的全面启示。

作家经历与小说人物
菲茨杰拉德的追求与"了不起的盖茨比"

每个作家都有自己标志性的主题，菲茨杰拉德的主题是财富与爱情。正如詹姆斯对旁观者的角色兴趣盎然一样，菲茨杰拉德对财富情有独钟。他很小就认识到了财富的重要性，财富影响着他对周围人的看法，影响了他的爱情和他对生活的定位。对于不是生而富贵的人来说，追求财富的同时还心怀梦想，如果他的梦想寄托在他所爱的女人身上，那么爱情、财富与梦想就构成了难解难分的联系。对于作家来说，如果只能依靠写作获得财富、赢得爱情、实现梦想中的一切，这样的写作令人心醉，也让人心碎。

作家的爱情与挫败

菲茨杰拉德出生于美国中西部明尼苏达州一个商人家庭。幼时，他家境不好，父亲早逝，主要靠母亲那边亲戚的资助。他从小到大都在专为富家子弟办的学校上学。他天性敏感，一直自认为是"富人中的局外人"，通常"因自惭形秽而痛苦万状"。这种与周围环境格格不入的矛盾心态是金钱造成的，他对金钱充满羡慕，又因它受尽了难以名状的痛苦。这对作家未来的人生与创作影响巨大。

像当时许多美国青年一样，第一次世界大战爆发后，菲茨杰拉德应征入伍，驻扎在亚拉巴马州。他与珊尔达·赛瑞相爱并订婚。珊尔达出身名门，其父担任州高等法院的法官。她向往奢华生活，渴望出人头地，这也正是菲茨杰拉德梦寐以求的。他非常了解珊尔达的内心和她向往的生活，他把珊尔达及她所属的社会阶层看作一体，作为自己的理想来追求。

菲茨杰拉德为满足珊尔达的物质需求做了充分准备。他相信自己的才华，决定靠写作赢得未来生活的保障。可是，他的第一部书稿却被出版商退还。他不能很快取得成功，珊尔达对此感到不满，遂与他解除婚约。菲茨杰拉德失望之余，把120余份退稿单贴在墙上，布置自己的小屋，同时闭门谢客，潜心写作。随着小说《人间天堂》的出版，菲茨杰拉德声名鹊起。珊尔达马上与他重修旧好，两人完婚。口袋里装满了金钱的青年作家赢回了自己的"黄金女郎"，菲茨杰拉德对财富的认识又多了一次感性经验。

他写过各种各样的富人。其中一则短篇小说的题目叫《一颗像里茨饭店那么大的钻石》，写一个富豪家的地界在地图上都查不到，因为他们家的五平方英里①的土地从来没有被测量过。他们家有一颗像里茨饭店那么大的钻石，一立方英里②大，没有一点瑕疵，被完全包裹在一座山里。小说的描写已经超出了一般人的认知和想象。

在菲茨杰拉德的内心深处，一直想写一个这样的人物：他痴心地爱着一个女子，但由于家庭背景悬殊，他难以和她成婚。他拼命挣钱，等挣到了足够的钱之后，女子已经嫁为人妇。但是，他痴心不改，想

---

① 1平方英里约合2.6平方千米。
② 1立方英里约合4.2立方千米。

通过张扬自己的财富来赢回她的芳心。他心里明白，他爱的女子爱金钱，爱屋及乌，所以他爱她的一切。这种爱没有条件，不计成本。这是一个了不起的人物，因为他爱一个人一生一世，爱到底，爱得无怨无悔。在一个物欲横流、金钱至上的社会，这种爱是一种了不起的品质。

这个人物对财富的追求、对爱情的向往、对成功的渴望，以及追求爱情过程中的挫败感，获得名声与财富之后重新燃起的雄心、梦想与情怀，活脱脱就是作家自己的写照。他有没有想过以自己为原型创作一部作品？实际上，作家不但写自己，也时常把妻子当作原型写进作品里。当时，菲茨杰拉德是一位前途远大的年轻作家。他一定相信，自己堪称爱情幸运儿和时代骄子，属于富人圈里靠自己的奋斗成功的榜样。

作家心目中的人物经过发酵孕育，成为小说中的形象。他给这个人物配好了恋爱对象，编织了他的追求目标和人生方向。待到把人物放入特定时代，这个人物便拥有了自己的性格和命运。

小说主人公的梦想与毁灭

作家酝酿已久的人物体现在小说《了不起的盖茨比》的主人公身上。盖茨比在黛西身上找到了完美理想的化身，对她一见倾心。幸运的是，她也爱盖茨比。但是，由于盖茨比缺乏维持他们关系所必不可少的金钱保证和家庭背景，黛西嫁作他人妇。五年后，盖茨比成为巨富，一直萦绕在心头的梦想有了实现的可能。他将自己的豪宅选在黛西家可以望见的海湾对面，一到周末就大摆筵宴，广纳宾客，只为换得黛西的回眸。

盖茨比很清楚黛西的为人。用他自己的话说，"她的声音充满了金钱"，金钱"是她声音里抑扬起伏的、无穷无尽的魅力的源泉"，她是一个"黄金女郎①"。但是，真正使盖茨比痴迷的是黛西的出身背景，以及他围绕着黛西编织的幻梦：

> 黛西远不如他的梦想——并不是由于她本人的过错，而是由于他的幻梦具有巨大活力。他的幻梦超越了她，超越了一切。他以一种创造性的热情投入了这个幻梦，不断地添枝加叶，用飘来的每一根绚丽的羽毛加以缀饰。再多的激情或活力都赶不上一个人阴凄凄的心里所能集聚的情思。②

对于盖茨比来说，这是一种超越现实又符合他梦想的神话境地。当初，作为默默无闻的穷小子，他对此可望而不可及——虽然他曾一度拥有过黛西。现在他日进斗金，对于重新夺回这个"黄金女郎"满怀信心。物质财富的成功激励着他，他将他的幻梦寄托在黛西身上，试图用财富证明他的情感。可是，黛西远不如他的梦想，她只是娇生惯养的富家女。她与盖茨比坠入情网，只是因为他当时身为青年军官，风度翩翩，代表了一种青春的时尚。她选择世家子弟汤姆·布坎农做她的丈夫，才符合她的本性。再次相见时，盖茨比的惊人财富使她心荡神摇、旧情萌动，明确表白自己爱情的机会又一次摆在她面前。在汤姆与盖茨比之间，她到了能够自由选择的时候了。

小说的高潮是盖茨比和汤姆发生正面冲突。地点被安排在纽约一

---

① 菲茨杰拉德.了不起的盖茨比.巫宁坤，等译.上海：上海译文出版社，2011：101.
② 同①81.

家旅馆的房间里，盖茨比要黛西当众表白她对自己的爱情。汤姆不失时机地暗示盖茨比的财富来源不明，黛西再次动摇，重新回到了丈夫身边。汤姆赢得了这次较量的胜利。这是世家子弟与新贵之间的较量，是黛西实际属于的冷酷的财富阶层与盖茨比自负又可怜的梦想之间的较量。

汤姆为了表现自己对黛西的绝对把握，准许黛西和盖茨比同车回家。路上，黛西开车撞死了汤姆的情人，盖茨比帮她逃离现场。盖茨比将黛西送回家后，因担心她和丈夫发生不快，彻夜不眠，痴情地守望着黛西窗口的灯光。

盖茨比的结局悲惨：汤姆情人的丈夫威尔逊误以为盖茨比是他妻子的情人，并且是导致他妻子死于非命的凶手，开枪打死了盖茨比。在整个过程中，黛西和丈夫汤姆有意掩盖真相，听之任之，甚至还给威尔逊做了暗示。争先恐后前来盖茨比的豪宅享乐宴饮的人们竟无一人参加盖茨比的葬礼。盖茨比被他的情人黛西、他的生意伙伴、他数不清的宾朋甚至整个社会彻底地遗弃了。

文学与人生

《了不起的盖茨比》完成于 1925 年，菲茨杰拉德再次在作品中以自己和珊尔达为模仿对象。小说取得了巨大的成功，赢得了高度评价。大诗人艾略特盛赞这部小说是"自亨利·詹姆斯以来美国小说迈出的第一步"[1]。评论家们都注意到了小说与时代精神的联系，把作

---

① BROOKS C. American literature：the maker and the making，Vol. Ⅱ. New York：St. Martin's Press，1973：2292.

者称作爵士乐时代的"编年史家"和"桂冠诗人"。而菲茨杰拉德却以为，即使是平生最了解他的评论家，对这本书的真正含义也洞察不够。

就小说所反映的时代特征而论，作品无疑取得了非凡的成功。从创作的角度讲，盖茨比这样的人物是菲茨杰拉德一直向往的类型。作为作家，他塑造盖茨比这样的人物，既期待写出时代赋予他的普遍特征，也赋予人物超越时代的独特品质。这个人物产生于爵士乐时代，他的经历足具时代特征，他对爱情的追求、他浪漫的精神以及他梦想的价值能够充分体现他的独特品质。作家对其作品意义的期许在于此，小说之所以成为经典的根本原因也在于此。

很多评论家往往看重作品的时代精神，强调作品反映现实的认知价值，而常常忽略作家的内心诉求和愿望。作家的创作一定与个体经验有关，与个人气质有关。作家不可能写超出其认知的人物，也不擅长写与个人气质相悖的作品。菲茨杰拉德认为评论家不了解他，他的意思也许是，虽然评论家看到了作品的时代意义，却没有参透作家本人的困惑、矛盾、挣扎与彷徨。

如果我们结合作家的人生态度，应该能够看出小说的两面性和作家对盖茨比这个人物的双重看法。一方面，菲茨杰拉德在小说中写尽了爵士乐时代的风情与美国梦的堕落；另一方面，他又非常推崇主人公追求梦想的顽强精神。作家将这种意识代入自己的现实生活，就不可避免地令自己陷入梦想与现实之间难以调和的困惑与矛盾之中：他既清醒地认识到这种梦想的可悲，又试图实现这种梦想。作家通过盖茨比这个人物的塑造，难道不是在反观自己的人生？难道不是在反省这个时代的弊病，反省梦想的价值与堕落，以及明知要以牺牲为代价却愿意承受的勇气和痴情？小说既写出了作家对时代和个人生活的清醒的反思，又隐藏了迷失的线索和原因。在现实人生中，作家同样难以避免重蹈其主人公的梦想与不幸。

成名后的菲茨杰拉德携妻子跨入了富人世界。他极尽挥霍之能，成为纽约和巴黎的社交名流，并被冠以"爵士乐时代的金童"的雅号。虽然有时他会为自己的狂热生活感到不安乃至自我谴责，但这诱惑是他无力抵御的。1922 年秋，他们定居在纽约长岛的豪华别墅，过着小说里描写的那种挥金如土的生活。无节制的生活给菲茨杰拉德和妻子珊尔达带来了巨大的身心痛苦。《了不起的盖茨比》发表之后不久，珊尔达患上了精神病，其后发作愈来愈强烈，不得不在医院度过余生，最终死于医院的大火中。菲茨杰拉德本人因酗酒过度，健康状况每况愈下，创作激情严重受阻，常常囊中羞涩，这迫使他不得不写些大失水准、连自己都无颜再读第二遍的作品。

透过自己的社会环境和生活方式，菲茨杰拉德对富人的本质和堕落奢靡的时代精神认识得十分清楚，却难以自拔。他有时候甚至不知道珊尔达和他到底是现实中的人，还是他的一部小说里的人物。他不信任有钱人，却不停地为金钱所累，因为有了钱，他就可以享受到有钱人舒适、优雅的生活。在最后的岁月里，他债务缠身，精神近乎崩溃，两度企图自杀。逝世前三年，他移居好莱坞，靠写电影脚本为生。1940 年，他因心脏病猝死谢世，留下一部未完成的手稿《最后的大亨》，觉得自己是一个彻底的失败者。

读作家作品，阅作家人生，我们仿佛在看两部主题相同甚至表现方式都极其相似的悲剧。作为作家,菲茨杰拉德的成功之处在于,他忠实地描写了他的时代,表达了在追求梦想的过程中所体现出的"了不起的"真挚与纯情,也写出了那个时代的梦想的幻灭。作为一个人,他的失败也恰恰在于他重演了主人公未竟的梦想,既取得了成功,又遭遇了惨败。菲茨杰拉德用自己人生的现身说法为自己的作品做了翔实的注脚。

见证、警示与提升

鲜明的时代特征与视角人物的作用

菲茨杰拉德的生活、创作和他所处的时代相生相依，难分难解。他在清醒与迷失之间挣扎，在写作时清醒，又在现实中迷失。他的写作表现出高度的理智和艺术性，敏锐地捕捉到时代的种种典型特征，赋予人物以超凡的品质，以生动细腻的笔触描摹出人物复杂的内心世界，塑造了拜金时代的了不起的追梦人。他引入的视角人物看透了时代的浮华堕落，认清了富人的虚伪冷漠，揭示了梦想的脆弱易逝。

鲜明的时代特征

在《了不起的盖茨比》中，作家把人物放置在 20 世纪 20 年代。这一时期正值美国所谓"喧嚣的 20 年代"，又称"爵士乐时代"。小说提炼出时代的重要元素，浓缩了典型的时代特征。

这是信仰缺失的时代，这是堕落的时代。当时的美国，传统的人生信仰和道德准则在大战的炮火硝烟中化为乌有。随着帝国主义战争实质的日益暴露，正义与信仰成为骗人的鬼话。大战击垮了整整一代人，"所有的神统统死光，所有的仗都已打完，所有的信念完全动摇"[1]。

---

[1]　BROOKS C, LEWIS R W B, WARREN R P. American literature：the makers and the making，Vol. Ⅱ. New York：St. Martin's Press，1973：2284.

这就是战后美国年轻人眼中的现实世界。爵士乐大行其道，社会充满喧嚣与浮华，人们尝试通过各种途径寻找精神寄托，有悖传统道德和社会常规的生活方式花样繁多。

这是物欲的时代，这是奢靡的时代。第一次世界大战的战场主要集中在欧洲和亚洲，美国一边参战，一边加快军火生产。随着美国庞大的军事工业在战后转产农用，美国经济得到了前所未有的迅猛发展，人们生活水平很快提高。同时，团伙犯罪横行，私酒买卖猖獗，不可避免地带来了社会黑暗、经济腐败和道德堕落。汽车走进千家万户，代替传统的马车代步，标志着这一时期的显著变化。汽车成了财富的象征，同时伴随着难以预料的险情发生，这是小说的一个重要伏笔。

所有这些历史事实通过人物与情节在小说中都有精确深刻的描述，比如盖茨比大宴宾客的豪华场景、来者不拒的慷慨气度，无一不彰显了当时铺张挥霍、醉生梦死的时代面貌。"整个夏天的夜晚都有音乐声从我邻居家传过来。在他蔚蓝的花园里，男男女女像飞蛾一般在笑语、香槟和繁星中间来来往往。"[①]

这是梦想的时代，这是机会遍地的时代。随着战后美国经济的发展，很多大型工厂、公司都在那个年代繁荣起来。"美国梦"受到大肆宣扬和狂热追捧。描写"美国梦"的小说十分畅销，内容充斥着这样的说教：机会面前人人平等，一夜暴富、跻身显贵的奇迹人人可遇可求。这种神话般的梦想构成了盖茨比自我奋斗的强大动力。盖茨比

---

① 菲茨杰拉德. 了不起的盖茨比. 巫宁坤, 等译. 上海: 上海译文出版社, 2011: 33.

的父亲一直精心保存着少年时的盖茨比读过的这类小说中的一本。在最后一页，工工整整地保留着一个精确的作息时间表，上面列着盖茨比练习哑铃、体操及爬墙，学习电学、工作、打棒球及进行其他运动，练习演说、仪态和学习有用的新发明等各项活动的具体时间。多年来，盖茨比严格遵守着这个精确的作息时间表，坚持不懈。

正是这样的时代孕育了盖茨比的梦想，他对这种梦想深信不疑。作品的视角人物尼克对此极为欣赏，每每为盖茨比的行为所感动。在他眼里，盖茨比是这样的：

> 身上有一种瑰丽的色彩。对于人生的希望具有一种高度的敏感……它是一种异乎寻常的永葆希望的天赋，一种富于浪漫色彩的敏捷，它是我在别人身上从未发现过的，也是我今后不大可能会再发现的。[①]

在物欲横流、金钱至上的喧嚣中，在人们对香槟、汽车、爵士乐如痴如狂的沉湎与迷恋中，盖茨比痴情而执着，夜夜守望情人的灯光，孜孜以求于超乎物欲的梦想，确实具有真挚纯洁的品质，乃至了不起的英雄气质。盖茨比在黛西出车祸后主动替她承担责任，这与黛西夫妇的逃避行为形成鲜明对比。小说最后，作者把盖茨比与当年发现新世界的荷兰水手相提并论，将他的梦想提到了"人类最后的，也是最伟大的梦想"的高度。

盖茨比在成长的过程中，严格遵循美国早期伟大道德家们的准则

---

① 菲茨杰拉德. 了不起的盖茨比. 巫宁坤，等译. 上海：上海译文出版社，2011：4.

和教诲。但是，20世纪初期，美国的生存环境和社会秩序等诸方面都与当初的开拓时期有了天壤之别。盖茨比的理想追求不得不建立在物欲和金钱的基础上，而其物质基础又脆弱至不堪一击。关键时刻，黛西的丈夫汤姆质疑盖茨比的财富来路不明，他只用这一句话就让黛西失去了对盖茨比的信心，而选择回到丈夫身边。盖茨比遭到了黛西的背叛，被自己的理想化身遗弃。这导致了他的死亡。盖茨比被枪杀在他建好之后从未使用过的游泳池里，这是一个深刻的象征：盖茨比对游泳并无兴趣，只把游泳池当作流行、时尚、浮华的标志。水流无痕，逝者无踪，他死得很彻底，也被抛弃和遗忘得很彻底。死于自己孜孜以求的梦想，此乃盖茨比悲剧的真正可悲之处。

主人公的命运是一个时代的缩影、一个关于"美国梦"的寓言，也是把脆弱的爱情建立在物质基础之上的悲剧。作家把那个特定时代的疯狂和传统的"美国梦"联系在一起，敏锐地捕捉并描绘了"美国梦"的激励作用，同时揭示了其腐朽性。菲茨杰拉德把小说命名为《了不起的盖茨比》，主人公的了不起之处在于他成功地使物质绝对服从于自己的梦想，以及他追求梦想过程中所具有的大无畏气概和坚定不移的决心。

小说表现了作家对盖茨比痴心不改、追求梦想的肯定和钦佩，表达了对富人不仁、爱情让位于财富的痛心和批判。作家把时代背景与人物悲剧相联系，既精确描写了时代特征，又深刻揭示了人物的悲剧原因，并且传达了从中悟到的人生经验。这种效果集中体现在小说视角人物所起的作用上。

看透一切的眼睛

菲茨杰拉德选取的视角人物拥有一双穿越时代迷雾、看见且看透一切的眼睛。他仰慕主人公，钦佩他的理想，赞叹他的努力，同情他的遭遇，能够挖掘他难能可贵的闪光品质，也能够认识其悲剧的原因和实质。视角人物在这部小说中具有三种功能：见证、警示和提升。他见证故事的发生，警示主人公的命运，拓展并提升作品的主题。

见证是视角人物起到的第一个作用。视角人物名叫尼克·卡罗威，菲茨杰拉德通过他用第一人称来讲述整个故事。尼克对盖茨比悲剧的见证和叙述，也是他对自己梦想的再认识和梦醒过程。

尼克出生于美国中西部，和主人公来自同一个地方。他只身到东部的纽约谋求运气和财富，十分羡慕盖茨比金钱上的成功，有意向这位前辈学习。他帮盖茨比牵线搭桥，见证了盖茨比和黛西爱情的进展，理解盖茨比的奋斗、代价和牺牲。他对盖茨比故事的叙述伴随着自己的爱情观、金钱观和对富人的重新认识及态度转变。只有这样的视角才能见证盖茨比的了不起之处。

除了见证，视角人物起到的第二个作用是警示。随着故事的发展，尼克目睹了盖茨比的悲惨下场，同时认清了所谓富人的卑鄙面目：

> 我不能宽恕他，也不能喜欢他，但是我看到，他所做的事情在他自己看来完全是有理的。一切都是粗心大意、混乱不堪的。汤姆和黛西，他们是粗心大意的人——他们砸碎了东西，毁灭了

人，然后就退缩到自己的金钱或麻木不仁或者不管什么使他们留在一起的东西之中，让别人去收拾他们的烂摊子……①

他关于财富的幻想被打碎了。对他而言，盖茨比的悲剧是一个有力的警示和有益的教训：

> 盖茨比死后，东部在我心目中就是这样鬼影幢幢，面目全非到超过了我眼睛矫正的能力。因此等到烧枯叶的蓝烟弥漫空中，寒风把晾在绳上的湿衣服吹得邦邦硬的时候，我决定回家来了。②

与盖茨比的故事相辅相成的是尼克自己的恋爱。他的恋爱对象乔丹·贝克与黛西同属上流社会，他发现她不诚实到不可救药的地步。随着尼克对黛西认识的深入，尤其在盖茨比死后，尼克中断了和乔丹的恋爱关系。应该说，尼克还算幸运，他的觉醒与理性帮助了他。他认识到盖茨比的执迷不悟，同时反观自省，提醒自己不能重蹈覆辙。

这是视角人物具备的第三个作用：拓展并提升主题。尼克既冷眼旁观盖茨比的悲剧，又提炼他的了不起之处。在时代环境中，在将盖茨比与周围富人所做的对比中，尼克彰显了盖茨比的非凡品质。他还追溯了盖茨比的抱负和理想的历史渊源，将个人追求与"美国梦"的大主题联系起来。

视角人物的运用展现了菲茨杰拉德小说高度的艺术性。作家通过视角人物评价和观察这个时代和主人公，完成了人物的塑造和主题的

---

① 菲茨杰拉德. 了不起的盖茨比. 巫宁坤，等译. 上海：上海译文出版社，2011：150.
② 同①148.

升华。《了不起的盖茨比》成为对"美国梦"极力推崇并怀有幻想的理想之作，又是关于梦想的幻灭与失落的寓言小说。小说既反映了"喧嚣的 20 年代"的典型特征，又揭示了主人公悲剧的个性特质和深刻的社会原因。视角人物是作家与读者沟通的桥梁，也是作家的代言人。作家通过尼克既表达了对现实的批判，又推崇了主人公"永不腐蚀"的梦想，塑造了盖茨比这个物欲横流时代的痴情者和梦想家。

　　小说写的不只是个人故事、时代风貌，也是关于梦想的寓言和人生经验的传递。它写出了时代，又超越了时代。菲茨杰拉德带着时代的印迹，成为一颗闪耀的明星，高悬于文学史的浩瀚夜空。

经典超越时代

不老的青春诗与爱情剧

作家能够揭示时代的本质，塑造符合特定时代特征的人物，传达超越时代的主题。这是作品孕育于时代的鲜明例证。从文学史的长河来看，作品的时代特色会渐次退却，超越时代的品质则会凸显出来，成为判断文学经典性的标尺。《了不起的盖茨比》就是这样的作品。

讲到超出时代的经典作品，我们这里举莎士比亚的《罗密欧与朱丽叶》的例子，看看莎士比亚如何保留时代的印痕，描绘出超越时代的青春与爱情。

老故事出新意

《罗密欧与朱丽叶》是一个特定时代的悲剧，这个故事最早出现于意大利文艺复兴时期的一部中篇小说中。莎士比亚应该读到过根据那部小说写成的一首英语诗《罗密欧与朱丽叶的悲剧历史》。在封建家长制统治下，家长专横、不通情理。两大家族历来视对方为仇敌，年青一代却偏偏相爱。很多老套的故事都这么写，私定终身、生米煮成熟饭或者先斩后奏的婚姻模式，古往今来并不少见。所以，这个故事和主题并没有新鲜之处。

莎士比亚保留了主要的时代特征和故事情节，把意大利小说中的故事发生地由锡耶纳改为维罗纳，将小说的时间跨度由九个月缩短到五天，使得情节更加紧张刺激。重要的是，他改变了故事的主题寓意。虽然沿袭了悲剧性的结局，两个相爱的人先后死去，但整部戏剧的气氛却充满了对爱情的大胆追求和对美的歌颂。原来的故事主旨在于昭彰道德训诫，告诫年轻人不听父母命的严重后果。莎士比亚则把一个道德说教故事改编成了爱情戏，写出了爱与仇的交织、悔与恨的纠葛、青春的无畏与敢于牺牲。这种改编也验证了莎士比亚化腐朽为神奇的才华。

纯真青春诗，浪漫爱情剧

《罗密欧与朱丽叶》这部戏剧之所以能够超越时代成为经典，它的当代吸引力在于：语言优美动听，诗意盎然；对爱又歌颂又调笑，妙趣横生；戏剧效果奇特，引人入胜。

第一，这部戏剧有优美的诗行，语言极具魅力。

在第二幕第二场，罗密欧对朱丽叶说：

> 那边窗子里亮起来的是什么光？那就是东方，朱丽叶就是那太阳。起来吧，美丽的太阳！赶走那妒忌的月亮，她因为她的女弟子比她美得多，已经气得面色惨白了。
>
> 天上两颗最灿烂的星，因为有事他去，请求她的眼睛替代它们在空中闪耀。①

---

① 莎士比亚. 莎士比亚悲剧五种. 朱生豪，译. 北京：人民文学出版社，2016：29.

罗密欧自始至终都用这么甜蜜的语言歌颂爱情。当这种比蜜还甜的话源源不断地在耳边回荡时，相信没有女孩不芳心萌动。

朱丽叶既为罗密欧痴迷，也因为两家的敌对而矛盾。她这样表达自己的想法：

> 啊！换一个姓名吧！姓名本来是没有意义的；我们叫做玫瑰的这一种花，要是换了别的名字，它的香味还是同样的芬芳。①

终于，爱情的力量还是冲破了世俗的偏见，她这样回应罗密欧的爱：

> 我的慷慨像海一样浩渺，我的爱情也像海一样深沉；我给你的越多，我自己也越富有，因为这两者都是没有穷尽的。②

两个人对彼此的话心领神会。

这部戏犹如爱的赞美诗，语言华美，一气呵成，如水银泻地、江河汪洋，行于所当行，止于不可止，不知不觉间，诗已结束，戏已演完，余韵尚在言语不尽间。各种新奇的比喻，各种爱意的表达，各种情感的倾诉，各种情愫的缠绵，相思，期待，望月生情，都觉不尽意。随着两个人感情越来越充沛，他们的话语也越来越流畅，修辞越来越丰富，说出来的情话像诗一样。情人亦诗人。这样精妙绝伦的台词在舞台上前所未有。这部戏剧是莎士比亚以诗体写作比例最大的一部，诗体台词占到了90%，散文体对白只有10%。莎士比亚用华美的语言、诗情画意的方式表达了柔情似水的情感。

---

① 莎士比亚. 莎士比亚悲剧五种. 朱生豪，译. 北京：人民文学出版社，2016：30.

② 同①33.

第二，这是一部纯真的青春诗、爱情剧，描写了不加掩饰的青春、发之于情的爱恋。《罗密欧与朱丽叶》写的是少男少女的恋爱、毫无畏惧的青春、勇敢的承诺与牺牲，这爱情发于相思萌动之时、天真烂漫之际。按照人的自然情感的发育，他们正是情窦初开、向往美好、善于幻想也勇敢爱的年龄。爱的勇气，也许长一岁便少一分。全身心地爱毫无保留，这是少男少女的一往情深；一生遇一人，这是一次纯情的火焰点燃，一段用生命相拥的绚烂绽放。

第三，奇异的戏剧效果。一对殉情的生命换来了两大世仇家族的和解，两家人从此化干戈为玉帛，握手言和。明明是一个悲剧的结尾，却好像一部爱的喜剧。这是真情带来的改变，感天地泣鬼神。

在美好的年龄，用美好的语言表达了美好的情感，是这部戏的魅力；不只是魅力，更是一种穿越时空、穿越岁月的力量。这种魅力和力量吸引着观众，也重绘了一个城市的人文景观。现在，在意大利的维罗纳，每天都有成千上万的人从世界各地汇集到朱丽叶家阳台所在的小院子里，在那里表达对爱的憧憬，为爱祈福。因为一部戏，一座城市变成了旅游热点；因为一段台词，一个院落变成了恋爱胜景。其实大家都知道，这是一处人造的景观，但是人们愿意相信这爱曾经真实存在过。

时过境迁，罗密欧与朱丽叶的悲剧并不一定让我们那么伤悲，反而让我们更加相信爱的力量。罗密欧与朱丽叶的故事能够突破时代和地域的隔阂，让现代人倾心和感动。

文学作品来自时代，又要具备超越时代的品质。作家诞生、孕育于特定的时代，又要具有穿透岁月的视野和目光。

第九章

劳伦斯与毛姆：作家与名声

人在写书时摆脱自己的病态——把自己的情感复述再现，以便能够控制它们。

——劳伦斯：《劳伦斯书信选》

作家更关心的是了解人性，而不是判断人性。

——毛姆：《月亮和六便士》

戴维·赫伯特·劳伦斯（David Herbert Lawrence, 1885—1930），英国现代小说家。代表作有长篇小说《儿子与情人》《虹》《恋爱中的女人》《查泰莱夫人的情人》等。

威廉·萨默塞特·毛姆（William Somerset Maugham, 1874—1965），英国现代小说家、剧作家。代表作有长篇小说《人生的枷锁》《月亮和六便士》《刀锋》等，短篇小说集《叶的震颤》，戏剧《圈子》等。

作家与名声是一个很现实的问题，看似简单，实则复杂。其简单之处在于：因为版权制度，作家的名字总是和作品绑在一起，随着作品的出版和传播，作家也声名远扬。其复杂性在于：作家的声誉高低、名声大小甚至毁誉，都非作家本人可以决定，能够进入文学史的经典作家，都是大浪淘沙的结果，需要经过时间的检验。

　　劳伦斯的生前与身后评价几乎迥然相异。从个人的困惑开始，他把独特的个体经验与具有普遍意义的社会批判主题相结合，写出了特色鲜明的作品。《儿子与情人》为他赢得了名声，他投入了巨大心血的《查泰莱夫人的情人》却带给他诸多误解和争议。毛姆一直备受读者和出版商的青睐，但他的作品在文学史中的地位却不高。这也许是成为经典作家和畅销作家的不同代价。

作家的困惑与小说的成功

《儿子与情人》的独特素材与未完成状态

　　说起劳伦斯的名声，很多人都会觉得不好回答。劳伦斯的名声是什么？他是一位情爱作家，还是严肃作家？这种不容易定位的感觉，和英国人最初读到劳伦斯作品时的印象大体相符。他著名的四部作品是《儿子与情人》（1913）、《虹》（1915）、《恋爱中的女人》（1920）和《查泰莱夫人的情人》（1928），题目非情即爱，含义也都很暧昧。

《儿子与情人》：困惑与挣脱

　　《儿子与情人》是劳伦斯的成名作，一看书名就容易让人产生误解。劳伦斯写作的年代，弗洛伊德的精神分析风头正盛，这个书名很容易引起人们对恋母情结之类的联想。英语书名 Sons and Lovers 中的"儿子"和"情人"都是复数，书名的直译应该是"儿子们与情人们"。儿子们指大儿子威廉和二儿子保罗，情人们指威廉和他的女朋友，以及保罗和他的两个女朋友米丽亚姆、克莱拉。这样理解，则大抵不会产生儿子与母亲类似情人关系的类比联想。

　　既然以儿子为题，言外之意显然指向母亲。书名中没有母亲的字眼，可她却无处不在，影响到所有人。小说格外注重母亲的立场和态度，强调母亲对儿子们的影响，以及她如何看待他们的情人。所以，这部小说的主角好像是母亲。小说从母亲的婚姻开始，到她的病逝结束，书写了一位母亲的完整生命故事。

从内容来看，小说似乎重在描写两个儿子的命运，尤其是二儿子保罗的成长过程。他对家庭、对爱情、对自己、对社会的认知占据了越来越多的篇幅。他在探索自己的成长。按照类别划分，这部小说通常被归为成长小说，这样分类理由很充分。那么，这是一部儿子的成长故事，还是一位母亲的人生经历？母亲和儿子，谁是这部小说的主角？

这反映了青年劳伦斯的迷惘，他理不清楚母亲在儿子成长过程中的适当角色和作用。如果这是一部探讨母子关系的作品，他不知道母亲与儿子之间谁对谁的依赖更深，这种依赖是否影响到或者说在多大程度上影响到儿子的成长。二者的联系太过紧密，他无法挣脱。随着年龄的增长，他不得不放松和挣脱这种联系。这种挣脱让他感到痛苦。

《儿子与情人》小说在一开始对矿工村及当地煤矿业的发展进行了历史回顾，描写了新挖矿技术的改进带来的变化：

> "河洼地"随后取"地狱街"而代之了。地狱街这一带全是些茅草屋顶、鼓鼓凸凸的村舍，坐落在青山小巷的小河边。住在那里的矿工都在两块庄稼地以外的一些矿坑里干活。这条从赤杨树下流过的小河还没有怎么被这些小矿井弄污；一头头驴子疲累不堪地拼命拖着绞车转动，把煤拉到地面上。这乡下遍地都是这种小矿坑……
>
> 大约在六十年前，情况骤变。小矿井纷纷被金融家们的大矿

山挤垮。①

一方面，技术改进促进了生产效率的提高，矿井运作有条不紊，管理严密。另一方面，在机器作业的背景下，人成为机器的一部分，失去了个性的独立与完整。个性的不完整造成了角色间的冲突。小说中的几个人物各有各的困境，父亲、母亲、儿子、恋人、同居情人都不能遂心如愿且备受压抑。

婚前，矿工莫雷尔充满活力，舞姿翩翩，风度迷人，迷倒了他未来的妻子。这本来是一个谈笑自若、有血有肉的人，却越活越扁平、越活越单调。在矿井上班时，他是老板挖煤的机器。在家里，他被妻子视为挣面包的工具。这就是他和矿井、老板的关系，也是他与妻子、家庭的关系。他无论在矿井上还是在家里，都是作为一种工具存在着。这种工具没有自由，没有乐趣，始终处于受奴役的状态。他越活越不舒服，他的生命逐渐枯萎。妻子对丈夫处处不满，把丈夫排除在家庭生活之外；丈夫为躲避妻子，尽可能找机会喝上一杯。夫妻毫无感情却不得不维持婚姻，这种婚姻让人痛苦。这是劳伦斯描写的不人道的社会环境与不和谐的家庭环境对人的压抑。

他的妻子莫雷尔太太有自己的生活准则和诉求，她的经历是一个女性对爱情幻想破灭，转而将情感寄托在儿子身上的故事。她作为矿工的妻子，却与矿工生活格格不入；作为母亲，她最大的心愿就是把儿子带离矿井。她生了儿子威廉之后，对儿子倾注了全部的爱，并努力让他接受教育。威廉长大，到伦敦过上了母亲一心希望的白领生

---

① 劳伦斯．儿子与情人．张禹九，译．上海：上海译文出版社，2007：3.

活。他对妈妈也难舍难离，尽量多回家陪伴母亲。威廉恋爱了，他领女朋友见母亲，母亲为儿子骄傲，却百般挑剔他的女友。威廉很难过。但是，他又想结婚，于是一方面削减给母亲的费用，另一方面拼命挣钱。他内外交困，身心俱疲，结果英年早逝。

母亲万念俱灰。小儿子保罗奄奄一息，迫切需要她的照顾。她遂转向保罗，更加悉心地体贴他，倾注一切培养他，同时也充满嫉妒地捍卫儿子的情感领地。保罗身上的一切都是威廉身上重压的双倍呈现。母子之间相互依赖，构筑了强烈的情感纽带。保罗长大后，先是与米丽亚姆恋爱失败，后与克莱拉同居。母亲对待她们态度不同，保罗深受影响。小说最后，母亲患病离世，留下儿子陷入深深的痛苦和孤独：

> "妈妈！"他低声喊道——"妈妈！"
>
> 在这一切之中，她是他唯一的依靠。她已不在人世，跟黑夜合二为一了。他要她抚摩他，带他去她身边。
>
> 但是不，他不肯屈服。他猛一转身，朝那城市的金色磷光走去。他握紧拳，抿紧嘴。他不会朝那个方向走去，不会走向黑暗，不会随她而去。他朝隐隐约约传来嘈杂声、灯火辉煌的镇子快步走去。[①]

如何理解母亲的病逝？从作家写作的角度，直接的答案是：必须有这样的结局，否则大儿子的悲剧将重演，因为外在环境没有改变，母子关系没有改变。原有的冲突不但没有改变和消失，反而更加剧

---

① 劳伦斯．儿子与情人．张禹九，译．上海：上海译文出版社，2007：409．

烈。小说前半部分以大儿子的死为结点，作家不会在后半部分再写一个重复的故事。如果必须有彻底的改变才能推动故事的发展，发生彻底改变的这个人只能是母亲，因为一切矛盾都集中在她身上。她一手培养的小儿子长大了，开始谈情说爱，到了娶妻的年龄。人生进行到这个阶段，大儿子的悲剧是否会重现？每个人都担心。无论母亲还是儿子都无法主动做出调整和改变，所以，作家采用了这种强行断裂的方式。《儿子与情人》中的母子纽带就是被强行斩断的，反映了儿子在成长的过程中减弱母亲影响的必然趋势。

这种方式让我们想到夏洛蒂·勃朗特的小说《简·爱》后面部分的人物命运。桑菲尔德庄园失火，罗切斯特失明、断臂，他因此失去了财富、地位和男人的蛮力。与此同时，简·爱却找到亲人，分得丰厚遗产。两人一失一得，财富、地位和力量发生转移，优势都转到了简·爱一边，让她拥有了充分的选择自由，成为命运的主宰者，完全实现了当初两人花园漫步场景中，她在愤怒中发出的两性平等的诉求。这种转移反映了作家的愿望，是作家内心诉求的投射。

除了夫妻和母子关系，劳伦斯还描写了年轻人的爱情。保罗和初恋女友米丽亚姆各有所求，又都难以满足对方所需。生长在农场的米丽亚姆把保罗看作与外部世界和知识联系的纽带，怀着宗教般的虔诚将恋爱看作奉献和牺牲。保罗喜欢米丽亚姆家轻松愉快的家庭气氛和周围的自然风光，却难以理解她炽烈浓郁的情感。两人对彼此的诉求不同。

劳伦斯还探索了夫妻的分居状态。保罗的情人克莱拉是一个与丈夫分居的女人，母亲认为保罗和克莱拉之间的吸引力在于肉体，而非精神占有。较之于米丽亚姆对于儿子的情感要求，母亲对克莱拉稍感宽慰。后来，保罗却劝说克莱拉回到丈夫身边。他为什么这么做？这一点很值得思考。

总之，小说中描写的各种关系都不能令人满意。夫妻之间，父子之间，母子之间，恋人之间，情人之间，为什么各有所需，却难以相互理解，更没有能力满足对方的诉求，反而造成了各自的痛苦？每个人周围好像都有一张巨大的网，他们都受困其中，无路可逃。

造成这种困境的根源何在？劳伦斯提出了一个大问题。如果小说中所有的人物关系都不让人满意，一定不只是个人的原因。如果每个人都遇到难以调和的矛盾和困惑，那一定是时代和社会的大环境出了问题。

小说成功的四要素

劳伦斯写出了一个时代的伤痛，他善于从独特的个人体验中发掘具有普遍意义的主题。阅读他的作品，我们会发现，他每一部作品皆从时代背景和社会问题等大处落笔，以对爱情的寻找、困惑与出路探索为结局。他所描写的爱的困境是现代社会中人际关系的集中体现。劳伦斯关注大背景下的情与爱，关注情爱背后的社会问题，他以这部小说开启了对人与人关系的探索。这部作品很受欢迎，劳伦斯被认为是一颗冉冉升起的文学新星。

小说的成功主要体现在四个方面。其一，素材独特。劳伦斯作品中呈现出来的矿工村、矿工家庭的生活在当时的文学作品中独一无二。劳伦斯是英国文学史上第一位具有工人阶级背景的作家，他熟悉煤矿业从人工劳作到机器化转变给工人家庭带来的影响。小说以矿工村的生活为背景，为当时的文学作品增加了新的素材和内容。

其二，题材容易引发共鸣，小说出版适逢其时。《儿子与情人》可以归类为家庭小说、成长小说、恋母情结小说，主人公作为儿子、恋人以及情人的情感经历，以及他在成长中的痛苦，能够引发很多人的共鸣。

作为家庭小说，《儿子与情人》的内容具有普遍性。它描写了夫妻关系、父子关系、母子关系、恋人关系，描写了这个家庭每个人的困境和问题。这是一个贴近读者的题材。

作为成长小说，《儿子与情人》记录了一个男孩的成长过程，揭示了保罗因为受到过多的母爱呵护和情感要求，终究要独自面对社会的痛苦的心路历程，探讨了他如何接受父子、母子、父母关系对他的影响，也描写了他的初恋体会和他对情人的态度。当时，成长小说风行一时，毛姆的《人生的枷锁》（1915）和詹姆斯·乔伊斯的《一个青年艺术家的肖像》（1916）都是这个时期的著名作品。

作为恋母情结小说，《儿子与情人》写出了保罗的痛切体会和深刻感受。现实中，夫妻矛盾普遍存在，母亲爱孩子再正常不过。但是，母子之爱发展到小说中描写的那种强度，母爱对孩子的情感约束达到近乎令人窒息的程度，却极为少见。这个题材与当时盛行的弗洛伊德精神分析相近，很容易让人产生这种联想。然而，这是劳伦斯的半自传小说，表达了他深切的痛苦和他对亲子关系的深刻感悟。这种痛苦和感悟牵动人心，绝非恋母情结所能简单概括的。

其三，主题富于启发性，寓意深远。小说里，每个人都受困于各种矛盾和困惑中，劳伦斯把受困的原因与煤矿工业化的背景联系在一起，批判机器生产对人的生命活力的剥夺。他从个人经验写出了社会意义，由家庭生活揭示了现代人的普遍困境。作家把个人的经验扩大、升华、深化为普遍经验，造就了一部现代经典。

其四，内容具有可持续性，能够不断写下去。无论从人物塑造还是主题表达看，这都是一部未充分完成之作。人物未得到充分成长，社会批判还不够犀利和彻底，二者结合的深度也有待加强。劳伦斯意识到了问题所在：工业社会成为压抑人生命力的外在力量。但是，在这部作品中，人物的困惑多于对解决办法的有意识、有目的的寻找。小说终章，人物依然困惑，社会弊病依然无从解决。

出路在哪里？劳伦斯愿意继续寻找。劳伦斯的人生不会停滞在30岁，他的人物需要成长，他还会继续探索。在以后的作品中，对于这部小说展现的各种人际关系，对于现代人的困境及其种种根源，他还会继续挖掘下去。他的视野越来越开阔，背景也越来越宏大。

文学作品的成功在于素材独特，题材恰如其分，能够引发共鸣，主题深刻而富于启发性，内容具有可持续性。独特的素材和主题造就独特的作家，读者也可以因此获得独特的阅读体验，这是文学作品受欢迎的基础。所以，优秀的文学作品从提供独一无二的阅读体验开始，到能够赢得人们的共鸣结束。这是文学经典的共性，也是作家赢得好名声的秘诀。

作家莫问身后名

《查泰莱夫人的情人》的创作与争议

《儿子与情人》取得了确定无疑的成功，是劳伦斯少有的受到一致称赞的作品。他从个人困惑开始，试图理解周围人的挣扎和矛盾，将个人困境和社会批判结合在一起，从个人经验提炼出了具有普遍意义的主题。他此后的作品却再也没有这么幸运，几乎每一部都招惹非议。他寄予厚望的《恋爱中的女人》和《虹》先后遭查封，《查泰莱夫人的情人》被禁长达 32 年。这本书对于劳伦斯有特殊的重要性，也是文学出版和传播史上里程碑式的著作。它引发的官司和辩论让我们对作家的名声有了深切的认识。

探索与回归：《查泰莱夫人的情人》的创作

劳伦斯的小说重在探讨各种人物关系。人与人之间的关系描写在他的作品中占据着异常重要的地位，这构成了他的写作特色。他的经历与成长环境造就了他，他很早就对这个题材情有独钟。

父母婚姻生活的紧张与不和谐给他幼小的心灵留下了难以磨灭的烙印。劳伦斯的母亲婚前做过小学教员，婚后，由于对矿工丈夫的不满，她将全部希望和强烈的情感倾注到子女身上。童年和青年时期的劳伦斯按照母亲的愿望生活，疏远着自己做矿工的父亲。

劳伦斯有一位知心女友杰西·钱伯斯。从劳伦斯 15 岁到 25 岁，两人一起读书讨论，建立了长达 10 年的亲密关系。杰西鼓励和帮助劳伦斯发表诗歌处女作，为他早期的文学创作提出过有价值的修改意见。她是《儿子与情人》主人公保罗的恋人米丽亚姆的原型。然而，劳伦斯的母亲一直妨碍着他们关系的发展。他对母亲的这种感情在《儿子与情人》中有鲜明的反映。

父母关系的紧张影响了劳伦斯的成长，影响了他对夫妻关系的理解，作为一位敏感的作家，他会多方面探究原因。他发现，除了父母的个人原因，更大的问题来自他们不同的社会分工和家庭职责，产生于他们的时代与社会环境。

他的故乡伊斯特伍德是一个矿工村。矿井采用机器生产的初期，并没有顾及环境保护问题。凌乱不堪的矿井和煤堆与宁静恬美的田园风光形成了丑与美的鲜明对比，这加剧了他对工业文明和机器生产的厌恶。在劳伦斯的所有作品中，都可以看到他对大自然的热情歌颂和对工业化破坏自然界的强烈谴责。《儿子与情人》之后，他相继写出了《虹》和《恋爱中的女人》。这两部作品所反映的时代背景更广阔，揭示的社会矛盾更尖锐，批判语气更犀利，思想表达也更深刻。有批评家把这两部作品列为劳伦斯的代表作。

在第一次世界大战之后，劳伦斯去过不同国家，创作过各种主题的作品。经过漫长的尝试和酝酿，他写出了《查泰莱夫人的情人》，又回到了寻求和谐的两性之爱与社会批判相结合的主题上。他的四部重要著作《儿子与情人》《虹》《恋爱中的女人》和《查泰莱夫人的情人》都以矿工村为背景。像很多作家一样，他最熟悉、最有把握的还是立足于故乡的写作。

如果说《儿子与情人》这个书名容易引起歧义，那么《查泰莱夫人的情人》引发的争议更大。单看《查泰莱夫人的情人》的书名，所谓"夫人的情人"，显然是一个红杏出墙的故事。这不仅极其不道德，而且有情色之嫌。如果说劳伦斯的名声或者人们对他的误解主要建立在他对两性关系的描写上，那么这部作品首当其冲。

写作这部小说的时候，劳伦斯已经身染重症，他拼命写完了这本书。出版商告诉他，这个书名不行，必须改名才能出版。但他宁愿不出版，也坚决不改。这本书明显不会给作家带来任何版税上的收益，而且可能毁了他的名声。他之所以坚持写这样的作品，坚持用这个充满非议的书名，是因为他要表达对两性关系的独特理解，发布他对现代人摆脱困境的箴言。

小说情节可以简单地概括为：女主人公康斯坦丝（康妮）的丈夫克里福德·查泰莱在战争中负伤，下肢瘫痪。但是，他要妻子康妮找人给他生个儿子，继承庞大的家产。康妮对他家的看林人麦勒斯产生了爱情，身怀有孕，准备离开丈夫，和麦勒斯找一处农场开始新的生活。

小说社会背景明确，情节发展清晰，三个人物形象鲜明，同时每一样东西都具有象征意义。坐着轮椅的查泰莱属于依赖机器和剥削工人的寄生阶级，他丧失了生殖能力，象征他所代表的阶级和制度失去了生命力。死气沉沉的贵族庄园如同伪善、颓败的英国文明社会的缩影。看林人麦勒斯作为劳伦斯崇尚的自然人，仿佛生命的象征，与查泰莱形成鲜明的对比。他的林中小屋生机益然，周围鲜花盛开。康妮介于文明人与自然人之间，在大自然中，她感到温暖而自由：

> 康斯坦丝背靠着一颗小松树坐了下来，那松树摇晃着，让她感到一种奇特的生命在冲撞着自己，富有弹性和力度，在向上挺着身子。这挺直的活生生的东西，树梢沐浴在阳光中！她看着水仙花在阳光下光鲜夺目，令她的手和腿都感到温暖。她甚至闻到了略带柏油味的花香。她是那么孤寂，似乎陷入了自己命运的湍流中。她一直都被一根绳子束缚着，像一条被拴住的船颠簸着，但逃不出绳子的圈套。现在她则解了套，开始自由漂流了。①

她与麦勒斯的结合，促使她选择了自然的生活。人物的性格和处境都得到了充分的展示。

作家的生命之书

《查泰莱夫人的情人》可以视为劳伦斯命中注定的作品，具有明确标识，能够反映他的创作特点，足以代表他完整的思想。它和作家的前期作品的主题相近，书中的人物也一脉相承，逐渐发展成熟。在这样的作品中，人物的发展达到了极致，主题明确清晰，呈现出作家典型的风格特征，我们可以将这类作品称为作家的生命之书。歌德的《浮士德》、海明威的《老人与海》以及詹姆斯的《使节》，都属此类作品。

作家的生命之书体现了作家对待世界的方式、对待写作的态度，

---

① 劳伦斯．查泰莱夫人的情人．黑马，译．北京：中央编译出版社，2010：87.

延续和凝结了作家一贯的主题。阅读劳伦斯的作品，可以发现这样一个现象：劳伦斯作品的女主人公都在逐步向前迈进，越来越独立，越来越勇敢；男主人公同样不断进步，越来越有责任和担当。

回想一下《儿子与情人》中的母亲莫雷尔太太。母亲虽然不能改变自己的命运，但试图通过改变儿子的命运实现自己的价值。她是一位具有独立精神和意志力的女性。《虹》与《恋爱中的女人》属于姊妹篇，这两部小说中的人物从农场搬到镇上，活动范围越来越广。女主人公厄秀拉是一位现代女性，离开家乡在外求学，在城市里独立生活，有自己的工作。她与恋人不断地讨论、争执各种社会问题，发表自己的见解，此时的她处于探索和寻找中。到了《查泰莱夫人的情人》，康妮原本被禁锢和消磨得奄奄一息，因为爱情，她重新体验到了生命的复苏。康妮自己做决定要离开丈夫，和情人一起生活。她需要克服道德、家庭、社会和现实生活等诸多障碍。但是，她义无反顾，勇敢而决绝地选择自己的路。

在劳伦斯的主要作品中，男主人公的变化同样显著。《儿子与情人》中的父亲整日沉默寡言，被母亲和孩子们排除在家庭情感生活之外，他很难有机会表达对孩子的爱。《虹》写了三代人的家庭故事，作为家庭的男主人，第一代的汤姆和第二代的威廉都是家人最重要的依靠。《恋爱中的女人》中，厄秀拉的恋人伯金猛烈抨击社会的种种弊病，积极探索出路，虽然他的探索只能停留在口头上。《查泰莱夫人的情人》里的麦勒斯则做出了彻底的改变，他和康妮之间相互吸引，相互鼓励，与康妮的结合治愈了他的战争创伤，恢复了他的生命活力和感受力，也让他获得了重新返回社会的理由和勇气。

这部小说表达了劳伦斯一贯的主题：反对导致人的自然活力日益枯竭的现代文明，主张人性的自由发展。他在小说第一章用寥寥数笔，就勾勒出这个时代的悲哀和现代人的困境，也显示出他为现代人寻找出路的决心：

> 我们这个时代根本是场悲剧，所以我们就不拿它当悲剧了。大灾大难已经发生，我们身陷废墟，开始在瓦砾中搭建自己的小窝儿，给自己一点小小的期盼。这可是一项艰苦的工作：没有坦途通向未来，但我们还是摸索着蹒跚前行，不管天塌下几重，我们还得活下去才是。①

《查泰莱夫人的情人》寄托了劳伦斯对现代人的忠告，留下了他给人类的遗言。他试图通过这部小说，"在意识上对基本的自然现实做明确而有力的调整"②。如果想要使被现代文明窒息的个性得到新生，"唯一的灵丹妙药是恢复男女两性关系的自然性"③。劳伦斯通过描写和调整两性关系，透视、理解、表达这个世界，他描写看似浪漫的恋情，实际上关注的是人物生活在其中的现实世界。

他的爱情一点儿也不浪漫。他着力刻画相恋的人如何面对现实的困扰，调适对世界的看法，摆放自己在社会中的位置，发挥人应有的作用。《查泰莱夫人的情人》是一部现实批判之书，描写爱如何发生、

---

① 劳伦斯.查泰莱夫人的情人.黑马，译.北京：中央编译出版社，2010：1.
② MOORE H T. The collected letters of D. H. Lawrence，vol. 2. London：The Viking Press，1962：1111.
③ ROBSON W W. Modern English literature. Oxford：Oxford University Press，1970：91.

何以发生，爱能够带给人怎样的改变、影响和寄托，相爱的人如何在这残损的、被摧毁的、遍体鳞伤的世界中体面地存在。所谓勇敢的恋人，即勇于面对这个诋毁人的、虚伪的世界，且敢于承担后果的人。两性伦理的核心乃真心相爱，身体与心灵协调一致，互不掩饰和伪装。在小说中，劳伦斯让康妮和麦勒斯离开各自的过去，希望两人在现实中结合，名正言顺地生活在一起，虽然他知道要实现这一目标困难重重，但是仍旧设置了满怀希望的结尾。他相信，为爱结合，才是通往未来的路。肉体的结合上升为爱，爱实现在现实中，才有光明的前途。

康妮的行为体现了现代人选择的勇气，麦勒斯则寄寓了劳伦斯对人类出路的一种思考，即回归到自然状态。不过，具有讽刺意味的是，麦勒斯身为康妮丈夫家的看林人，并不拥有他看护的林地，他只是借居者、暂住者。要找到一块两个人能够拥有的自由的去处，并不容易。小说的结尾处，康妮和麦勒斯约定，要尽力解决现实困难，他们心里充满希望地等待着。

劳伦斯对小说的期望很高，他将小说看成人类有史以来最伟大的发现和最高级的表现形式。他把自己称作"新的文学与新道德自由的传道者"[1]。对于劳伦斯来说，性爱只是一种手段，而非目的。他致力于传达这样的思想：通过协调人际关系来实现人性全面而自由、自然而健康的发展。劳伦斯针对现代人的病症，勇敢地表达了自己真诚的发现，指出了他认为正确的道路，虽然他开出的药方不一定正确，

---

[1] 桑德斯. 牛津简明英国文学史：下. 谷启楠，韩加明，高万隆，译. 北京：人民文学出版社，2000：770.

但是他的真诚和勇气可嘉。

小说引发的官司与论争

《查泰莱夫人的情人》被认可的过程很艰难。小说于 1928 年在意大利出版，印了 2 000 册，全部被没收，当即被禁。1946 年，美国出版过一个删节版，发行量达 150 万册，说明这部小说很受欢迎。1959年，美国一家出版社出版了完整版。在发行过程中，这批书被邮局查获，邮局总监认为此书低级下流。出版社上诉到法庭，法庭裁决：邮局无权阻止其发行。1960 年，这部小说的完整版在美国得到了正式出版发行的机会。

这部小说在英国的出版过程经过了更大规模、更加激烈的法庭辩论。1960 年是劳伦斯逝世 30 周年，企鹅出版社打算出版劳伦斯全集。英国皇家检察院起诉出版社，想要阻止这部小说出版。出版社律师邀请了各方专家共 35 位，包括作家、出版商、社会学家、神学家、教授、评论家、主教、心理学家等，组成了庞大的专家证人团。其中有著名作家福斯特，他的小说《印度之行》《霍华德庄园》等，以及演讲集《小说面面观》都影响巨大。检察院聘请了由 9 人组成的陪审团。专家们在法庭上义正词严，为劳伦斯辩护，也为小说的命运、文学的功能和作用方式辩护。他们力证，这是一部重要而有价值的文学作品。9 位陪审团成员也都接受劳伦斯是一位杰出的英国小说家。经过 6 天的激烈辩论，企鹅出版社被宣告无罪。第二天，20 万册图书销售一空。此时距离小说初版，已过去了 32 年。

《查泰莱夫人的情人》对于作家的特殊性在于，它是劳伦斯思考个人如何表达时代伤痛的结晶之作，是作家不得不写的书，也可以被当成作家的文学遗嘱和作家留给人间的思想遗产。他不计毁誉、不顾生死想要将它写完、出版、流传。一位作家到了生死不计的程度，还计较什么名利呢？这部作品终究还是被人类继承下来，成为现代文学的经典。

小说《查泰莱夫人的情人》赢得了这场史无前例的官司，有以下几个原因。

第一，时代变了。小说初版 30 多年后，对于书中所描写的敏感内容，人们的态度已经不同于此前，社会变得宽容了许多。

第二，出版社抓住了一个很好的契机。在劳伦斯逝世 30 周年出版作家全集，是对一位杰出作家的认可和最好的纪念方式。

第三，英国的法律制度和律师采用的辩护策略大有益处。这是精英专家团队和大众陪审团的直接对垒与较量。专家证人团阵容强大到不可思议，几乎都是让人仰慕的大人物。双方从作家的写作动机、小说的文字内容，以及文学的评价标准、社会影响、道德伦理、大众心理、阅读接受能力等方方面面，对一部文学作品进行了全面审查和辩论。每一个方面都能反映出时代的变化。同样的话题在 30 年前是他污名成立的理由，30 年后却成为证明作家真诚而伟大的证词。

劳伦斯赢得身后名的过程缓慢而艰难。他活着的时候，以追求人性解放、批判工业主义的罪恶赢得了声誉。因为最后一部小说中直白的性描写，作品及作家遭到了漫长的查禁和诸多的诋毁。在女性主义运动高涨和商品社会的大潮中，出于同样的原因，他又受到了太多的误解和利用。

即使在被诋毁最严重的岁月，作家也相信，他终将赢得人们的承认，无论早晚。他的书终将被解禁，不管何时。因为他真诚而坦率，为现代社会焦虑；他积极而勇敢，为人类的出路着想；他的语言生动有力，思想清晰透彻。他无愧于现代经典作家的声誉。

畅销作家还是经典作家

毛姆的写作经验与毛姆现象

　　劳伦斯的例子告诉我们，作家莫问身后名，只管努力写出好作品，时间会带来公正的裁决。如果指望写作带来财富和名声，那就意味着想要作品畅销，被读者广泛接受。可是，被大众接受和被精英评论家认可且经受住时间的考验，两者的标准并不一致。

　　如果不得不做出选择，作家应该如何取舍？这个问题也可以表述为：追求成为畅销作家，还是做经典作家？我们再引入一位作家为例，来说明这个问题。他就是英国作家威廉·萨默塞特·毛姆。

写作之道大不同

　　毛姆的作品始终很受欢迎，销量经久不衰。可是，他在文学史上却很难归入一流作家之列，作品畅销和作家地位之间存在明显的反差。这也是关于作家名声令人困惑的所在。如果将毛姆和劳伦斯相对比，就会发现他们的写作之道大不相同。

　　在创作带来的财富方面，劳伦斯没有靠写作挣到多少钱，毛姆则靠写作过着稳定的舒适生活，他绝非昙花一现的作家，亦非只写出一两部好作品的作家。他的创作生涯长达 60 多年，不断有新作出版，几乎每一部都畅销，且长销不止，直到现在依然如此。他是一位长寿作家，享年 91 岁。他晚年住在法国南部里维埃拉的豪华别墅里，雇用了多个仆人，为他烹调可口的菜肴，照料他的花园和别墅。他乐于做东道主，招待作家、艺术家。写作可以仰仗才华，也可以使生活奢华，难得的是两者长久保持同样的水准。

他和劳伦斯曾经有过短暂的会面，两人对写作没有什么交流。劳伦斯事后给朋友写信说"毛姆……财运亨通，肥得像猪猡"①。劳伦斯对毛姆靠写作积累的财富，虽然谈不上嫉妒，但也很难说不羡慕。劳伦斯一生颠沛流离，困顿拮据，却因为题材大胆出格而声名远扬。毛姆是中规中矩的畅销作家，虽然对劳伦斯的写作不认同，但对其名声也不能说不向往。写作可以带来名声和财富，有人足够幸运，可兼而得之，更多的人却难两全，不得不取舍决断。

毛姆与劳伦斯对待写作的态度和追求不同，写法也不同。相较于劳伦斯迫切想要在作品中表达自己的观点，毛姆一心为读者写作。他选择的道路是一条长久的、持续的、职业化的写作之路。他为了让自己的作品畅销，进行了持之以恒的努力。

毛姆出生于法国巴黎，父亲是一位律师，供职于英国驻法国大使馆，母亲具有极高的艺术鉴赏力。年幼的毛姆是文艺沙龙上的宠儿，经常被母亲叫出来当众背诗和朗诵。在毛姆 8 岁和 10 岁时，父母相继去世，他被送回英国由伯父抚养。他的伯父是偏远地区的牧师，性格刻板拘谨。生活环境的巨大变化使毛姆患上了口吃。好在他喜爱读书，学业优异。他和兄长们就读于英国一流的学校，大哥查理从英国回到法国，开办了个人的律师事务所；二哥弗雷迪仪表堂堂，学业、

---

① 摩根. 毛姆传. 奚瑞森，张安丽，译. 杭州：浙江文艺出版社，1993：367.

运动、口才样样优秀，在法律界颇有建树，成为英国上诉法院法官，晚年还受封爵位。虽然兄弟间关系不甚亲密，但无论从激励还是竞争角度看，毛姆都有创造自己人生的充足动力。

毛姆从坎特伯雷国王学校毕业后，到德国海德堡大学学习了一年语言和哲学，回英国后进入伦敦圣托马斯医学院学习，并取得了从医资格。他的第一部作品就是根据自己当实习医生时的经历写出的小说《兰贝斯的丽莎》，于 1897 年出版。小说成功后，他便弃医从文。他的三哥哈利对法律不感兴趣，也尝试从事文学创作，却一直郁郁寡欢，年纪轻轻便去世了。这给了他提醒，如果选择成为职业作家，只顾自己写作，而不考虑读者，可能会没有出路。

作为作家的毛姆非常勤奋。从立志当作家开始，他坚持每日写5 000 字，直到 70 岁高龄，50 多年如一日，从不间断。这是真正的作家的人生。

他的写作题材多样，内容丰富，文风清新流畅，能够熟练驾驭各种文学种类。毛姆共创作过 30 多个剧本，他的 4 部戏剧曾同时在伦敦不同的戏院上演，风头一时无两。作为剧作家，他获得了极大的成功。第一次世界大战后，他游历世界各地，写过很多以异国风情为背景的小说。在中国，他见过辜鸿铭等名人，还创作了以中国为背景的小说《面纱》和散文集《在中国屏风上》。他的短篇小说成就很高，共计 150 余篇，出版过自选的三卷本《短篇小说全集》。他还留下了大量随笔、评论等。他创作了约 20 部长篇小说，几乎都很畅销。

他的很多作品被翻译成了中文，深受中国读者喜爱，比如长篇小说《人生的枷锁》《寻欢作乐》《月亮和六便士》《刀锋》等，以及回忆录《作家笔记》《总结》和文学评论集《巨匠与杰作》等。

为了写出好故事，他广泛游历，搜集素材。他懂六种语言，还专门雇了一个秘书。秘书的主要任务不是替他打字笔录，而是混迹街头酒吧，找人攀谈聊天，熟悉风土人情，搜集逸闻趣事，然后讲给他听。他再从中提炼故事素材。

毛姆善于把握流行话题，敏锐捕捉时代热点。《人生的枷锁》写于成长小说兴盛的年代，《月亮和六便士》出版于读者对艺术家生活津津乐道时，《刀锋》的创作适逢二战以后人们陷入对人生意义的苦闷求索与迷惘中。

也正因为话题流行，在他写作生涯的每一个阶段，都有一大批同类作品与他竞争。相比于同时代的作家，他的作品从来都不是大热门，只能说他从不落伍，也不过时。他之所以总能够脱颖而出，除了他的主题切合现实，更因为其语言优雅流畅，故事引人入胜，风格平易近人。简单地说，他善于讲故事，这是他作为优秀作家的品质和作品畅销的法宝。他因此赢得了读者的喜爱，也赢得了与一代又一代更年轻作家的竞赛。

下面以他最著名的两部小说《人生的枷锁》与《月亮和六便士》为例，体会他的写作风格与对题材的独特处理方式。

《人生的枷锁》：刻骨铭心的体验与平易近人的风格

《人生的枷锁》（1915）是毛姆的代表作，写一个人从少年到青年的成长，属于半自传性的成长小说。

主人公菲利普自幼失去双亲，由当牧师的伯父收养。伯父性情冷漠，这让菲利普感到十分孤独。到了上学年龄，他因为患有先天性跛足，受尽同学们的嘲笑。他向伯父问计，伯父让他向上帝祈祷。他虔诚地彻夜祷告，但第二天他走路依然不能双足平衡。他的信仰支柱在一点点坍塌。因为学习成绩优异，学校准备让他长大后担任圣职，他却决定到德国去研修哲学，希望从哲学中寻找人生的真谛。他又听信朋友的话，前往巴黎学习绘画。一起学习的一位美国女生绝望自杀，令他震惊的同时也让他反省，他觉得自己缺乏超常的艺术天赋，于是放弃艺术。为了掌握实用本领，他转而学医，在医学院就读期间，他迷恋上点心店女招待米尔德丽德。她把爱情当成获取物质利益的筹码，一点也不珍惜他。这让菲利普备受煎熬。他遇到曾经声名显赫、时下却穷困潦倒的艺术家克朗肖。克朗肖在临终时送他一条波斯地毯，向他喻示所谓的人生真谛：生活像漂亮的地毯一样，看似纷繁多彩，实则没有特定的意义。艺术家的看法虽然悲观，却使菲利普放下了心理包袱，选择过简朴的生活。最后，他与一位纯洁善良的姑娘结婚，在英国沿海一个小村庄以行医为生，治病救人。

毛姆提炼和浓缩了一个人成长过程中需要克服的身体缺陷和需要挣脱的精神枷锁。他先后向宗教、哲学、艺术、医学和文学等领域探索真知，寻求人生的意义和动力。他也试图用爱情抚慰身心。同时，他逐一冲破了宗教、哲学、艺术、爱情等加诸人的各种说教和经验。在背负和挣脱枷锁的过程中，他认真而虔诚，艰难而痛苦。

毛姆在《人生的枷锁》中投入了很多亲身感受，与读者分享了他的人生经验。比如，我们读到主人公患有先天性跛足这个细节，就知道毛姆把自己现实中的口吃改成了小说人物的另一种生理缺陷。再比如，菲利普和米尔德丽德的感情纠葛在小说中占了很大篇幅。米尔德丽德几次背叛他，菲利普却深陷情欲纠结之中难以自拔。他明知她庸俗肤浅，并不可爱，然而情感与欲望的冲突如沉重的枷锁，牢牢地束缚着他。他们交往以来，米尔德丽德一直另有男友。后来米尔德丽德舍菲利普而去，嫁给一个德国青年，又遭到遗弃，菲利普依然接纳了她。不久，米尔德丽德又和菲利普的同学出走，菲利普甚至以路费相赠。直到米尔德丽德沦落风尘，身形憔悴，菲利普还尽相识之谊，为她和她的孩子提供食宿，帮她治病。

小说的叙事方式很老套，话题也很平常。毛姆几乎是在平铺直叙地讲述成长的困惑、矛盾与挣扎。他对主人公的情感经历只有白描式的记述，没有分析，体现了主人公对感情纠葛的无力、无助状态。个中滋味只能凭当事人慢慢咀嚼体会，痛到深处自己领悟，才能成长，才能挣脱，才能释然，才能寻到自己的路。菲利普坦然接受了自己的一切和这个现实的世界：

> 他默默地忍受着使其人生坎坷的残疾。他知道它扭曲了自己的性格。不过，此时他发现，同样由于它的缘故，他却获得了那种给予他无穷快乐的反省能力。要是没有它，他将永远不可能获得敏锐的鉴赏力，永远不可能热爱文学艺术和对生活中种种奇观发生兴趣。他常常受人嘲笑，遭人白眼，可这却使他性格内向，促使他心里开出朵朵香气不绝的鲜花。接着他认识到正常的事物才是世间最最珍贵的事物。人皆有缺陷，不是身体的就是精神的……只有承认人们的美德，宽容他们的过错，才是合情合理的

事情。①

在《人生的枷锁》中，作家并不是非要表达惊人的思想和深刻的道理不可，而是想说，经历了种种挫折、寻找才会明白，人生的意义在于平凡、平淡、朴素、普通的生活。毛姆不讲大道理，不为崇高，不求深刻。相反，他故意削减深度和崇高，平视生活。

主题寻常而生动，语言朴素，行文流畅，通俗易懂——这种写作奠定了毛姆的风格，不事雕琢的叙事方式、倾诉衷肠式的真情流露让他赢得了读者。

《月亮和六便士》：艺术家小说的通俗写法

《月亮和六便士》（1919）是另一部大家都很熟悉的毛姆小说，它以法国印象派画家高更为原型，在类型上属于艺术家小说。主人公思特里克兰德原是伦敦证券经纪人，家境富足。他突然抛弃一切，只身来到巴黎开始绘画，饱受饥饿和疾病之苦、困顿颠簸之劳。后来他在太平洋的塔希提岛落脚，终日作画，最后身染麻风病去世。他在住处的两间屋子里完成了满墙壁画，嘱原住民妻子爱塔付诸一炬。

毛姆深知描写这样一位天才画家的难处和魅力：

> 画家也好，诗人也好，音乐家也好，用他的崇高的或者美丽的作品把世界装点起来，满足了人们的审美意识，但这也同人类的性本能不无相似的地方，都有其粗野狂暴的一面。在把作品奉

① 毛姆. 人生的枷锁. 张柏然，张增健，倪俊，译. 上海：上海译文出版社，2011：719.

献给世人的同时，艺术家也把他个人的伟大才能呈现在你眼前。探索一个艺术家的秘密颇有些阅读侦探小说的迷人劲儿。这个奥秘同大自然极相似，其妙处就在于无法找到答案。思特里克兰德的最不足道的作品也使你模糊看到他的奇特、复杂、受着折磨的性格。①

毛姆对小说主题的处理和写作方式的运用皆有独到之处。他用第一人称叙事，以和画家思特里克兰德熟识的朋友身份追踪画家的行踪，再进一步通过主人公身边人物的视角转述主人公的行为，从而拉近人们理解艺术家的距离：

> 关于查理斯·思特里克兰德的文章既已写了这么多，看来我似乎没有必要再多费笔墨了。为画家树碑立传的归根结底还是他的作品。当然喽，我比大多数人对他更为熟悉；我第一次和他会面远在他改行学画以前。在他落魄巴黎的一段坎坷困顿的日子里，我经常和他见面。但如果不是战争的动乱使我有机会踏上塔希提岛的话，我是不会把我的一些回忆写在纸上的。众所周知，他正是在塔希提度过了生命中最后几年；我在那里遇见不少熟悉他的人。我发现对他悲剧的一生中人们最不清晰的一段日子，我恰好可以投掷一道亮光。如果那些相信思特里克兰德伟大的人看法正确的话，与他有过亲身接触的人对他的追述便很难说是多余的了。②

---

① 毛姆. 月亮和六便士. 傅惟慈，译. 上海：上海译文出版社，1995：2.
② 同①9.

　　这样，毛姆用熟人和朋友看艺术家的角度，把艺术家的怪异行为描写出来，而不是专注于分析或探秘其难以说清的心理动机。

　　毛姆是从普通人能够理解的角度写艺术家。他的写作目的在于还原活在人间的艺术家，描摹在现实生活中的艺术家行状。他的风格平易近人，文笔优美流畅，如渐次打开的人物素描和景物画卷，用散文化的笔法娓娓道来。思特里克兰德行为乖张，不通情理，作家却让他变得可以理解。

　　毛姆的表述方式通俗而形象。他以《月亮和六便士》为题，"月亮"指精神的向往和理想，或者一切超出现实之外的追求和目标；"六便士"则代表脚踏实地的现实人生。他借此喻指，人人皆有理想，可是没有人的理想能够完全得到实现。理想与现实之间永远有矛盾：是为了月亮放弃六便士的现实，还是为了六便士而不再仰望月亮？有些时刻需要做出抉择。大多数人也许会选择更现实的态度：在觊觎远方高处的月亮之时，也不能忘记脚下的六便士的现实；需要口袋里揣上六便士，才能抬头望见月亮。说白了，人人都能意识到现实与理想的差距，要勇于面对和处理这种矛盾。此事古难全，但愿我们更勇敢。

　　通过这个故事，毛姆让大家都明白了这样的矛盾，也理解了艺术家的行为。小说中的艺术家，是生活中的勇敢者，他不惧怕二者之间的脱节。为了追求心中的月亮，为了他的艺术，他毫不犹豫地扔掉了六便士的世俗人生，即使付出了生命的代价。毛姆并没有把这样的艺术家塑造成楷模和英雄，相反，他还原了艺术家在现实人生中不可理喻的行为和不同寻常的做派。他这样写艺术家，告诉大家人世间有这样孤傲的人，有这样决绝的事，有这样抛开一切、不计得失、只为艺术的人生。

毛姆写作的一个突出特点是，他主动消解主题深度，追求平易近人的叙事风格。他用第一人称叙事，搭建普通人生、平淡现实与艺术世界之间的桥梁，方便将读者带入艺术家的生活，向读者讲解艺术家的怪诞行为与卓绝精神。在一个个性张扬、强调主观感受的时代，作家记着他的读者。毛姆把艺术家带到读者面前，让他仿佛站在读者的对面，而不是把他推远，让他遥不可及。作家带来人物，再把评判权交给读者。相信读者，这是对读者最大的尊重。

毛姆现象无须解

到了晚年，人们问毛姆如何看待自己在文学史上的地位时，他自己评价道："我知道我的确切地位，我是第二流人物中的佼佼者。"[1]作家很受读者欢迎，却得不到评论家的同样认可。他的受欢迎程度和其文学地位不相称，这便是著名的毛姆现象，或者称为毛姆问题。

毛姆写的故事清晰明白，人物形象鲜明生动，他的作品让人一看就懂，不需要引经据典的阐释。这让批评家无话可说，也无从评说。如果毛姆按照罗曼·罗兰以贝多芬为原型写作《约翰·克利斯朵夫》的笔调，把艺术家的苦难和命运写得崇高而伟大，如果他按照詹姆斯·乔伊斯写作《一个青年艺术家的肖像》的方式，以内心独白的笔法求新求异，大胆创新写作手段，可能会让批评家更满意。

作家莫问身后名。无论是劳伦斯的小说《查泰莱夫人的情人》引

---

[1] 摩根. 毛姆传. 奚瑞森，张安丽，译. 杭州：浙江文艺出版社，1993：663.

发的官司和争论，还是毛姆现象，这两个例证都说明，作家的名声不是自己说了算的，而是社会文化、营销机制、文学风尚、国家意志、批评潮流、读者心理等多方面综合作用的结果。作家的名与利、毁与誉，是一个复杂的问题。对于名声，无人能有十足的把握。

现在的文学批评和文学研究高度专业化，一部糟糕的作品很难得到认可。而一部文学经典一定经得起千锤百炼、大浪淘沙，经得起各种文学批评方法和理论视角的检验。虽然有些作家的个人影响力超过了他的作品影响力，但这不会长久。

毛姆在漫长的创作生涯中，用他的亲身经历告诉我们，优秀的作家要足够自律，坚持不懈，做好写作这件事。好看、好读、记得住的故事，才能赢得读者。作家终究要靠作品说话，作家真正应该用功的地方是把作品写好。至于成为畅销作家还是经典作家，可能与写作无关，与作家无关。所以，毛姆问题无解，也无须解。

真正的作家培养读者，培育阅读的品位，也引导批评的标准。作家应付批评的方式就是不断写出好作品。应该相信古罗马时期朗基努斯的箴言：好作品能够赢得所有时代、所有人的好评。

结语　理想的作家

　　写作就是不断调整作家的样貌，追求成为自己心目中理想的作家。

　　这本书讲述了很多作家故事。想要追踪写作的缘由，揭示作家观察世界、选取素材、磨砺风格的方式，启发写作的人生和作家之路。荷马甘愿在大地上四处漂泊、游吟歌唱，因为有一部英雄史诗在他胸中激荡。但丁下地狱、经炼狱、登天堂，为了追慕他的恋人，同时也不忘鞭挞他的仇敌。莎士比亚从小镇走向环球剧场大舞台，既有天赋的驱使，也受益于时代氛围和社会文化的影响。华兹华斯徜徉于湖区山间，水仙的舞蹈令他欣然。弗罗斯特喜爱乡村景物，雪夜林边有他驻足冥想的身影。夏洛蒂的灵感来自她对心灵自由的向往，艾米莉的激情常常被旷野的狂风唤醒。马克·吐温的丰富阅历构成了他源源不断的写作素材，他对少年时光的无限留恋和对美国社会的深刻洞察成就了不朽的经典。亨利·詹姆斯坚持移居异域，终身独身，只为兑现他对缪斯的承诺。菲茨杰拉德看透时代迷雾又深陷其中，梦想、财富与爱情于他是难分难解的纠葛。劳伦斯把小说看作高于宗教和哲学的闪光的生命之书，却频频遭遇误解和诋毁，为写作付出了沉重的代价。毛姆的文笔明白晓畅，年逾七旬仍有佳作问世，他懂得为大众和为批评家写作的区别。

　　书中总结了不少写作艺术技巧。艺术技巧让故事更精彩，反映了作家的写作风格与文学理念。荷马截取十年战事中最激烈的冲突场面，展示英雄鲜明的性格和命运，足显其剪裁时间的智慧。但丁以空间界定善恶正邪，宣示惩戒净化，赋予空间丰富的表现力。莎士比亚以画龙点睛之笔改编旧有题材，每每让人耳目一新。华兹华斯于漫游、凝视和聆听中，传达自然对于心灵的抚育、引导和护佑。弗罗斯特擅长修辞，富于联想，以寻常物象表达石破天惊的思想。夏洛蒂直抒胸臆，艾米莉善于多重转述，她们用不同的方法倾诉衷肠，述说魂牵梦绕的爱情。马克·吐温让哈克贝利调侃自己，自损自贬，却令读者对这个人物肃然起敬。詹姆斯以旁观者的身份标记自己与这个世界的适宜距离。菲茨杰拉德的小说叙述艺术精湛绝伦，道出了人间清醒和时代精神。劳伦斯虽将作品冠以浪漫之名，实则笔调沉重，将个人伤痛与时代弊病合并一处。毛姆用月亮与六便士的形象比喻揭示理想与现实的深刻矛盾，他常常亲临故事现场，为读者充当向导和桥梁。

　　行文中分析了多部文学作品，评判了作品的思想价值，着重说明作品与作家的共生关系和互相影响。作家创造作品，作品也改变作家的生活。经典作家不但在文学史中地位稳固，也对后来者产生了重大影响。荷马启发了作家作为不朽者和神启者的思想。但丁汇集了中世纪的文化成就，也预示着文艺复兴的曙光。莎士比亚既是世俗中人，又风华绝代，举世无双。华兹华斯宣告诗人向众人说话。弗罗斯特用诗歌传达情趣和智慧，对世界发出情人般的抱怨。夏洛蒂和艾米莉在小说中为女性呐喊。马克·吐温书写一个民族的成长。詹姆斯寻访欧美文明的冲突与碰撞。菲茨杰拉德揭示金钱与梦想的矛盾。劳伦斯代言成长的痛苦和迷茫。每一位经典作家都丰富了我们对于文学的期待，诠释了作家对于人类精神生活的意义和想象。

除了作家人生、写作艺术、作品分析和思想评价之外，还有一种元素贯穿全书始终，那就是作家意识。作家意识是写作者对待文学的热情，对于用文字与这个世界进行沟通和交流的渴望。作家意识表现为一种以作家的眼光看世界、以作家的方式阅人生、通过写作与这个世界建立联系的内在气质，显示为写作者愿意把全部身心投入对世界的理解，并通过文学的方式将之传达出来的自觉努力。作家意识是写作的意愿、动力和觉悟。

作家意识也包含着对成为理想的作家的追求。理想的作家应该知晓文学的产生、文学种类的发展、文学主题的演变，通晓人类的历史和文明的走向，能够根据自己的特性选择文学种类和合适的题材，完善写作艺术，发挥文学的作用，表达人类的期待和向往。他应该独立不羁，让思想自由生长。目光所及，世界是他的素材；笔锋所触，情由心生；凡有所书，皆发自肺腑。他相信，文学是对人的情感的饱满而生动的写照。

理想的作家代表着人类思想的高度，能够提出具有普遍性的问题，并进行深入的探索和回答。他具有创作艺术的创新性和集大成性，能够突破已有的写作常规，承前启后。同时，他独一无二，不可替代。他敢于把人物推入绝境，揭示极致的人生；他能够带领读者入未至之地、未入之境，令人类的感觉体验更加敏锐，拓展认知边界，开启新视野、新见识、新气象。他具有大格调、大境界，他的作品具有足够的容量和包容性，能够尽可能地展示人类生活的多面性和多样态。他是一个时代、一个民族、一种人性的本真的描摹者，是一种题材、一种文体、一种新的艺术手法的探索者和高水准的体现者。

追求成为理想的作家，重要的是相信文学，并坚持不懈地写下去。人类的经验需要分享，思想情感需要表达，只要心有所动，皆可放手写去。孜孜以求，不断磨砺，总能展开天地间独属于我们的那份书卷，写下钟情的文字，为文学的世界增添新的篇章。

伟大作家引领文学，经典作品给人力量。作为文学鉴赏者，我们也能够追慕作家人生，品味写作艺术，在文学的世界遨游驰骋，感受文学带给生命的感动和充盈。

参考文献

阿克罗伊德．莎士比亚传．覃学岚，主译，包雨苗，王虹，郑璐，译．北京：北京师范大学出版社，2014.

安东内利．但丁、彼特拉克与欧洲知识分子的起源．成沫，译．复旦学报（社会科学版），2019（3）.

勃朗特．简·爱．黄源深，译．南京：译林出版社，2010.

勃朗特．呼啸山庄．杨苡，译．南京：译林出版社，2010.

布鲁姆．西方正典．江宁康，译．南京：南京译林出版社，2011.

陈中梅．目击者的讲述：论史诗故事的真实来源．外国文学评论，2002（4）.

但丁．新生．钱鸿嘉，译．上海：上海译文出版社，1993.

但丁．神曲：地狱篇．田德望，译．北京：人民文学出版社，1990.

但丁．神曲：天国篇．田德望，译．北京：人民文学出版社，2001.

菲茨杰拉德．了不起的盖茨比．巫宁坤，等译．上海：上海译文出版社，2011.

芬利．奥德修斯的世界．刘淳，曾毅，译．北京：北京大学出版社，2019.

弗罗斯特．罗伯特·弗罗斯特校园谈话录．拉什姆，编，董洪川，王庆，译．南京：译林出版社，2015.

弗罗斯特．弗罗斯特诗选．江枫，译．北京：外语教学与研究出版社，2012.

格林布拉特．俗世威尔：莎士比亚新传．辜正坤，邵雪萍，刘昊，译．北京：北京大学出版社，2007.

贺拉斯．贺拉斯诗全集：拉中对照译注本：上册．李永毅，译．北京：中国青年出版社，2017.

荷马．荷马史诗：伊利亚特．罗念生，王焕生，译．北京：人民文学出版社，1994.

荷马．荷马史诗：奥德赛．王焕生，译．北京：人民文学出版社，1997.

黑格尔．美学：第三卷：下册．朱光潜，译．北京：商务印书馆，1981.

华兹华斯．华兹华斯叙事诗选．秦立彦，译．北京：人民文学出版社，2018.

华兹华斯．我孤独地漫游，如一朵云：华兹华斯抒情诗选．秦立彦，译．北京：人民文学出版社，2021.

吉尔．威廉·华兹华斯传．朱玉，译．桂林：广西师范大学出版社，2020.

卡莱尔．论历史上的英雄、英雄崇拜和英雄业绩．周祖达，译．北京：商务印书馆，2010.

劳伦斯．查泰莱夫人的情人．黑马，译．北京：中央编译出版社，2010.

劳伦斯．儿子与情人．张禹九，译．上海：上海译文出版社，2007.

雷诺兹．全新的但丁：诗人·思想家·男人．吴建，张韵菲，译. 哈尔滨：黑龙江教育出版社，2014.

林庚，冯沅君. 中国历代诗歌选：上编（一）. 北京：人民文学出版社，1995.

林庚，冯沅君. 中国历代诗歌选：下编（一）. 北京：人民文学出版社，1995.

林庚，冯沅君. 中国历代诗歌选：上编（二）. 北京：人民文学出版社，1995.

刘易斯. 但丁. 张心童，译. 北京：生活·读书·新知三联书店，2017.

马尔克斯. 百年孤独. 黄锦炎，沈国正，陈泉，译. 杭州：浙江文艺出版社，1999.

吕同六. 但丁精选集. 北京：北京燕山出版社，2004.

毛姆. 人生的枷锁. 张柏然，张增健，倪俊，译. 上海：上海译文出版社，2011.

毛姆. 月亮和六便士. 傅惟慈，译. 上海：上海译文出版社，1995.

摩根. 毛姆传. 奚瑞森，张安丽，译. 杭州：浙江文艺出版社，1993.

桑德斯. 牛津简明英国文学史：下. 谷启楠，韩加明，高万隆，译. 北京：人民文学出版社，2000.

莎士比亚. 莎士比亚悲剧五种. 朱生豪，译. 北京：人民文学出版社，2016.

莎士比亚. 莎士比亚全集. 朱生豪，译. 北京：人民文学出版社，2014.

莎士比亚．特洛伊罗斯与克瑞西达．刁克利，译．北京：外语教学与研究出版社，2015.

莎士比亚．威尼斯商人．辜正坤，译．北京：外语教学与研究出版社，2016.

斯塔夫里阿诺斯．全球通史：从史前史到21世纪：第7版修订版．吴象婴，梁赤民，董书慧，等译．北京：北京大学出版社，2012.

吐温．汤姆·索亚历险记．刁克利，译．北京：中国少年儿童出版社，2003.

吐温．哈克贝利·芬历险记．刁克利，译．北京：中国少年儿童出版社，2003.

伍尔夫．一间自己的房间．贾辉丰，译．北京：商务印书馆，2012.

詹姆斯．黛茜·密勒：亨利·詹姆斯中篇小说选．赵萝蕤，巫宁坤，杨岂深，译．上海：上海译文出版社，2007.

詹姆斯．使节．敖凡，袁德成，曾令富，译．成都：四川人民出版社，1988.

詹姆斯．一位女士的画像．项星耀，译．北京：人民文学出版社，1984.

章安祺．缪灵珠美学译文集：第一卷．北京：中国人民大学出版社，1998.

章安祺．缪灵珠美学译文集：第三卷．北京：中国人民大学出版社，1990.

张京媛. 当代女性主义文学批评. 北京：北京大学出版社，1995.

朱刚. 新编美国文学史：第 2 卷. 上海：上海外语教育出版社，2002.

ASCOLI A R. Dante and the making of a modern author. New York：Cambridge University Press，2008.

BATE J，RASMUSSEN E. William Shakespeare：complete works. Beijing：Foreign Language Teaching and Research Press，2008.

BLOOM H. Dante Alighieri. Philadelphia：Chelsea House Publishers，2004.

BROOKS C，LEWIS R W B，WARREN R B. American literature：the makers and the making，Vol. II . New York：St. Martin's Press，1973.

CHASE R. The American novel and its tradition. New York：Gordian Press，1957.

EDEL L. The life of Henry James. New York：J. B. Lippincott Company，1965.

GUERIN W L，LABOR E，MORGAN L，et al. A handbook of critical approaches to literature (fourth edition). Beijing：Foreign Language Teaching and Research Press，2004.

HARLAND R. Literary theory from Plato to Barthes：an introductory History. Beijing：Foreign Language Teaching and Research Press，2005.

HEMINGWAY E. Green hills of Africa. New York：Scribner's，1935.

JAMES H. The art of the novel. New York: Harper & Row, 1934.

MARKOW T G. Henry James. New York: Minerva Press, 1969.

MOORE H T. The collected letters of D. H. Lawrence. London: The Viking Press, 1962.

RICHARD C. The American novel and its tradition. New York: Gordian Press, 1957.

ROBSON W W. Modern English literature. Oxford: Oxford University Press, 1970.

SPURGEON C. Shakespeare's imagery. Cambridge: Cambridge University Press, 1935.

TRILLING L. Introduction//TWAIN M. The adventures of Huckleberry Finn. New York: Holt, 1948.

创意写作书系

　　这是一套广受读者喜爱的写作丛书，系统引进国外创意写作成果，推动本土化发展。它为读者提供了一把通往作家之路的钥匙，帮助读者克服写作障碍，学习写作技巧，规划写作生涯。从开始写，到写得更好，都可以使用这套书。

综合写作		
书名	作者	出版时间
成为作家	多萝西娅·布兰德	2011 年 1 月
一年通往作家路——提高写作技巧的 12 堂课	苏珊·M. 蒂贝尔吉安	2013 年 5 月
作家的诞生	刁克利	2025 年 8 月
文学的世界	刁克利	2022 年 12 月
创意写作大师课	于尔根·沃尔夫	2013 年 6 月
渴望写作——创意写作的五把钥匙	格雷姆·哈珀	2022 年 6 月
与逝者协商——布克奖得主玛格丽特·阿特伍德谈写作	玛格丽特·阿特伍德	2019 年 10 月
心灵旷野——活出作家人生	纳塔莉·戈德堡	2018 年 2 月
从创意到畅销书——修改与自我编辑	詹姆斯·斯科特·贝尔	2016 年 1 月
精简写作——博报堂演讲撰稿人教你写出好文章	蘑田吉昭	2025 年 3 月
虚构写作		
小说写作教程——虚构文学速成全攻略	杰里·克里弗	2011 年 1 月
开始写吧！——虚构文学创作	雪莉·艾利斯	2011 年 1 月
冲突与悬念——小说创作的要素	詹姆斯·斯科特·贝尔	2014 年 6 月
情节与人物——找到伟大小说的平衡点	杰夫·格尔克	2014 年 6 月
人物与视角——小说创作的要素	奥森·斯科特·卡德	2019 年 3 月
经典人物原型 45 种——创造独特角色的神话模型（第三版）	维多利亚·林恩·施密特	2014 年 6 月
情节线——通过悬念、故事策略与结构吸引你的读者	简·K. 克莱兰	2022 年 3 月
经典情节 20 种（第二版）	罗纳德·B. 托比亚斯	2015 年 4 月
情节！情节！——通过人物、悬念与冲突赋予故事生命力	诺亚·卢克曼	2012 年 7 月
超级结构——解锁故事能量的钥匙	詹姆斯·斯科特·贝尔	2019 年 6 月
如何创作炫人耳目的对话	詹姆斯·斯科特·贝尔	2016 年 11 月
如何创作令人难忘的结局	詹姆斯·斯科特·贝尔	2023 年 3 月
故事工程——掌握成功写作的六大核心技能	拉里·布鲁克斯	2014 年 6 月
故事力学——掌握故事创作的内在动力	拉里·布鲁克斯	2016 年 3 月
畅销书写作技巧	德怀特·V. 斯温	2013 年 1 月
30 天写小说	克里斯·巴蒂	2013 年 5 月
弗雷的小说写作坊——劲爆小说秘境游走	詹姆斯·N. 弗雷	2015 年 7 月
弗雷的小说写作坊——让劲爆小说飞起来	詹姆斯·N. 弗雷	2015 年 7 月
从生活到小说（第二版）	罗宾·赫姆利	2018 年 1 月

虚构写作		
小说写作完全手册（第三版）	《作家文摘》编辑部	2024 年 4 月
如果，怎样？——给虚构作家的 109 个写作练习（第三版）	安妮·伯奈斯 帕梅拉·佩因特	2023 年 6 月
成为小说家	约翰·加德纳	2016 年 11 月
小说的艺术	约翰·加德纳	2021 年 7 月
非虚构写作		
怎样讲好一个故事	飞蛾故事会	2025 年 1 月
开始写吧！——非虚构文学创作	雪莉·艾利斯	2011 年 1 月
写作法宝——非虚构写作指南	威廉·津瑟	2013 年 9 月
故事技巧——叙事性非虚构写作（第二版）	杰克·哈特	2023 年 3 月
从零开始写故事——非虚构写作的 11 堂必修课	叶伟民	2024 年 8 月
自我与面具——回忆录写作的艺术	玛丽·卡尔	2017 年 10 月
写我人生诗	塞琪·科恩	2014 年 10 月
类型及影视写作		
金牌编剧——美剧编剧访谈录	克里斯蒂娜·卡拉斯	2022 年 3 月
开始写吧！——影视剧本创作	雪莉·艾利斯	2012 年 7 月
开始写吧！——科幻、奇幻、惊悚小说创作	劳丽·拉姆森	2016 年 1 月
开始写吧！——推理小说创作	劳丽·拉姆森	2016 年 7 月
弗雷的小说写作坊——悬疑小说创作指导	詹姆斯·N. 弗雷	2015 年 10 月
好剧本如何讲故事	罗伯·托宾	2015 年 3 月
经典电影如何讲故事	许道军	2021 年 5 月
童书写作指南	玛丽·科尔	2018 年 7 月
网络文学创作原理	王祥	2015 年 4 月
写作教学		
小说写作——叙事技巧指南（第十版）	珍妮特·伯罗薇	2021 年 6 月
剑桥创意写作导论	大卫·莫利	2022 年 7 月
你的写作教练（第二版）	于尔根·沃尔夫	2014 年 1 月
创意写作教学——实用方法 50 例	伊莱恩·沃尔克	2014 年 3 月
中文创意写作教程	杨庆祥	2025 年 7 月
大学创意写作（第二版）	葛红兵 许道军	2024 年 8 月
创意写作思维训练	丁伯慧	2022 年 6 月
故事工坊（修订版）	许道军	2022 年 1 月
小说创作技能拓展	陈鸣	2016 年 4 月
青少年写作		
奇妙的创意写作——让你的故事和诗飞起来	卡伦·本基	2019 年 3 月
小作家手册——故事在身边	维多利亚·汉利	2019 年 2 月
写作魔法书——让故事飞起来	加尔·卡尔森·莱文	2014 年 6 月
成为小作家	李君	2020 年 12 月
写作魔法书——28 个创意写作练习，让你玩转写作（修订版）	白铅笔	2019 年 6 月
有个性的写作（人物篇+景物篇）	丁丁老师	2022 年 10 月
北大附中创意写作课（修订版）	李韧	2025 年 5 月
北大附中说理写作课（修订版）	李亦辰	2025 年 7 月

创意写作课程平台

从入门到进阶多种选择，写作路上助你一臂之力

扫二维码随时了解课程信息

　　"创意写作课程平台"由中国人民大学出版社"创意写作书系"编辑团队精心打造，历经十余年积累，依托"创意写作书系"海量素材，邀请国内外优秀写作导师不断研发而成。这里既有丰富的资源分享和专业的写作指导，也有你写作路上的同伴，曾帮助上万名写作者提升写作技能，完成从选题到作品的进阶。

写作训练营，持续招募中

• 叶伟民故事写作营

　　高人气写作导师叶伟民的项目制写作训练营。导师直播课，直击写作难点痛点，解决根本问题。班主任 Office Hour，及时答疑解惑，阅读与写作有问必答。三级作业点评机制，导师、班主任、编辑针对性点评，帮助突破自身创作瓶颈。

• 开始写吧！——21 天疯狂写作营

　　依托"创意写作书系"海量练习技巧，聚焦习惯养成、人物塑造、情节设置等练习方向，21 天不间断写作打卡，班主任全程引导练习，更有特邀嘉宾做客直播间传授写作经验。

精品写作课，陆续更新中

• 小说写作四讲

精美视频 + 英文原声 + 中文字幕

　　全美最受欢迎的高校写作教材《小说写作》作者珍妮特·伯罗薇亲授，原汁原味的美式写作课，涵盖场景、视角、结构、修改四大关键要素，搞定写作核心问题。

• 从零开始写故事

　　高人气写作导师叶伟民系统讲解故事写作的底层逻辑和通用方法，30 讲视频课程帮你提高写作技能，创作爆品故事。

精品写作课

作家的诞生——12位殿堂级作家的写作课

中国人民大学习克利教授10余年研究成果倾力呈现，横跨2800年人类文学史，走近12位殿堂级写作大师，向经典作家学写作，人人都能成为作家。

荷马：作家第一课，如何处理作品里的时间？

但丁：游历于地狱、炼狱和天堂，如何构建文学的空间？

莎士比亚：如何从小镇少年成长为伟大的作家？

华兹华斯和弗罗斯特：自然与作家如何相互成就？

勃朗特姐妹：怎样利用有限的素材写作？

马克·吐温：作家如何守望故乡，如何珍藏童年，如何书写一个民族的性格和成长？

亨利·詹姆斯：写作与生活的距离，作家要在多大程度上妥协甚至牺牲个人生活？

菲茨杰拉德：作家与时代、与笔下人物之间的关系？

劳伦斯：享有身后名，又不断被诋毁、误解和利用，个人如何表达时代的伤痛？

毛姆：出版商的宠儿，却得不到批评家的肯定。选择经典还是畅销？

一个故事的诞生——22堂创意思维写作课

郝景芳和创意写作大师们的写作课，国内外知名作家、写作导师多年创意写作授课经验提炼而成，汇集各路写作大师的写作法宝。它将告诉你，如何从一个种子想法开始，完成一个真正的故事，并让读者沉浸其中，无法自拔。

郝景芳：故事是我们更好地去生活、去理解生活的必需。

故事诞生第一步：激发故事创意的头脑风暴练习。

故事诞生第二步：让你的故事立起来。

故事诞生第三步：用九个句子描述你的故事。

故事诞生第四步：屡试不爽的故事写作法宝。

图书在版编目（CIP）数据

作家的诞生/刁克利著. -- 北京：中国人民大学
出版社，2025.8. --（创意写作书系）. -- ISBN 978-7-
300-34161-3

Ⅰ. K815.6

中国国家版本馆 CIP 数据核字第 2025JL6799 号

创意写作书系
作家的诞生
刁克利　著
Zuojia de Dansheng

出版发行	中国人民大学出版社			
社　　址	北京中关村大街 31 号		**邮政编码**	100080
电　　话	010 - 62511242（总编室）		010 - 62511770（质管部）	
	010 - 82501766（邮购部）		010 - 62514148（门市部）	
	010 - 62511173（发行公司）		010 - 62515275（盗版举报）	
网　　址	http://www.crup.com.cn			
经　　销	新华书店			
印　　刷	北京联兴盛业印刷股份有限公司			
开　　本	890 mm×1240 mm　1/32	**版　　次**	2025 年 8 月第 1 版	
印　　张	8.625 插页 2	**印　　次**	2025 年 8 月第 1 次印刷	
字　　数	181 000	**定　　价**	69.00 元	